수학 두뇌 계발 게임 MATHS QUEST

보물 동굴의 단서

MATHS QUEST : THE CAVERN OF CLUES

Copyright © QED Publishing 2011

All rights reserved.
Korean translation copyright © 2014 by RH Korea Co., Ltd.
Korean translation rights arranged with QED Publishing, a Quarto Group company through EYA(Eric Yang Agency).

이 책의 한국어 판 저작권은 EYA(에릭양 에이전시)를 통해 QED Publishing과 독점계약한 '(주)알에이치코리아'에 있습니다. 저작권법에 의하여 한국 내에서 보호를 받는 저작물이므로 무단전재와 복제를 금합니다.

수학 두뇌 계발 게임
MATHS QUEST

보물 동굴의 단서

데이비드 글러버 글
팀 허친슨 그림
어린이를 위한 수학교육연구회 옮김

주니어 RHK

보물 동굴에 들어가기 전에

보물 동굴에 들어갈 준비가 되었나요? 사실 보물 동굴에 들어갔다가 어떻게 될지는 아무도 모른답니다. 수많은 우여곡절을 겪으며 흥미진진한 사건과 퍼즐을 해결해야 하거든요. 하지만 사건 해결하는 것과 퍼즐 푸는 것을 즐긴다면 아무 문제없을 거예요!

이 책은 다른 책과 좀 달라요. 1쪽, 2쪽, 3쪽의 순서대로 읽는 책이 아니거든요. 이야기가 펼쳐지는 대로 앞으로 뒤로 왔다 갔다 하면서 읽어야 하지요. 때로 길을 잃을지도 몰라요. 그러나 이야기는 곧 가야 할 곳으로 안내할 거예요.

이야기는 6쪽부터 시작해요. 책을 펼치면 곧바로 해결해야 하는 문제가 나오고, 이 책을 펼친 당신은 문제의 해결 방법을 선택해야 하지요. 선택 방법은 다음과 같아요.

🧿 정답이 A라면 10쪽으로 가세요.   ☠ 정답이 B라면 18쪽으로 가세요.

여러분이 할 일은 각 문제를 해결하고 바르게 선택하는 거랍니다. 정답이 A라고 생각한다면 10쪽으로 가서 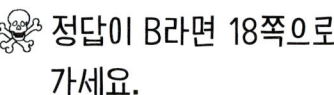 모양을 찾아요. 그럼 그곳에서 다음으로 이어지는 이야기를 만날 수 있을 거예요.

하지만 잘못 선택하면 어떻게 될까요?

걱정 마세요! 책은 여러분이 어느 부분에서 잘못했는지를 설명해 주고, 다시 해결할 수 있는 곳을 알려 줄 테니까요.

보물 동굴 여기저기에 숨어 있는 문제는 모두 계산에 관한 것이에요. 여러분은 문제를 풀기 위해 덧셈, 뺄셈, 곱셈, 나눗셈 등을 해야 하지요.

동굴을 돌아다니면서 여러분은 문제를 풀 수 있는 중요한 단서를 찾아낼 수 있을 거예요. 찾아낸 단서나 숫자는 꼭 기록해 놓으세요. 그래야 필요할 때 쓸 수 있어요!

책 뒷부분에는 사건 해결에 필요했던 문제 해결의 실마리 정보가 가나다순으로 정리되어 있답니다.

자, 이제 보물 동굴에 들어가 볼까요? 그럼 다음 쪽을 펼쳐서 사건을 해결해 봅시다!

보물 동굴에 오신 것을 환영합니다

당신은 온갖 식물과 동물로 가득한 야생 정글을 탐험하고 있었어요. 뜨거운 햇볕 아래에서 땀에 흠뻑 젖은 채 신기한 동식물을 관찰하고 있는데, 문득 이상한 소리가 들렸지요. 그러더니 갑자기 하늘에서 양피지 한 뭉치가 당신 손으로 툭 떨어졌어요. 깜짝 놀라 펄쩍 뛰었지만 묵직한 느낌의 양피지가 무엇일지 궁금해진 당신은 조심스레 양피지를 펼쳤지요. 그것은 바로 해적의 보물 지도였어요!

당신은 거부할 수 없는 힘에 이끌려 어느 동굴 앞까지 갔어요. 그 동굴은 어둡고 으스스했지요. 동굴 앞에서 신비한 보물 지도를 다시 보았더니 동굴 곳곳에 해적이 훔쳐 숨겨 둔 금은보화를 찾을 수 있는 퀴즈가 있고, 퀴즈를 모두 풀면 보물을 손에 넣을 수 있다고 나와요. 마지막 퀴즈는 그레이 비어드, 레드 비어드, 블루 비어드, 블랙 비어드 이렇게 네 명의 해적 형제가 각각 하나씩 가진 네 개의 비밀 표시를 찾아야 알 수 있다는군요. 하지만 실패하면 영원히 동굴에 갇힐 수도 있어요.

🪙 도전할 준비가 되었다면 38쪽으로 가세요.

⚓ 아직 망설이고 있다면 77쪽으로 가세요.

벽에 쓰여 있던 글에 의하면 레드 비어드의 비밀 표시를 얻기 위해서는 해적들을 절망에 빠트려야 해요. 그러려면 레드 비어드 해적 무리부터 찾아야겠지요!

동굴 벽에 찍혀 있는 손바닥 자국 중 어떤 것은 왼쪽을, 어떤 것은 오른쪽을 향해 있어요. 손바닥 자국에는 소수, 분수 등이 쓰여 있었지요. 또 바위에는 다음과 같은 글이 적혀 있었어요.

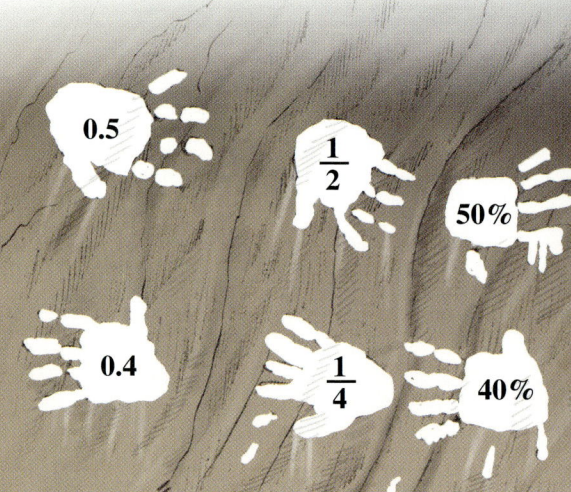

세 개의 손바닥에
세 개의 수,
크기가 같은 수가 적힌 줄의
손바닥은 어느 방향인가?

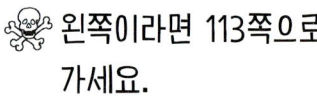 왼쪽이라면 113쪽으로 가세요.

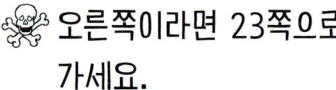 오른쪽이라면 23쪽으로 가세요.

당신은 고개를 끄덕였어요. 레드 비어드 선장의 계산이 맞거든요. 그때까지 레드 비어드 선장은 부하 해적들에게 동전을 13개씩 모두 공평하게 나누어 주었지만, 결국 레드 비어드 자신이 남은 5개를 가졌어요! 부하 해적들은 불만스러웠지요.

☠ 56쪽으로 가세요.

당신은 운반용 차를 타고 왼쪽 터널로 들어섰어요. 그런데 터널에 들어서자마자 운반용 차의 속도가 점점 빨라졌어요! 앞쪽에는 시뻘건 용암이 넘실거렸어요. 터널은 땅속의 화산 분화구에서 막 터져 나온 용암 때문에 무너지고 있었고 바위는 녹아서 수백 미터 아래로 떨어졌지요!

당신은 허둥지둥 주위를 둘러봤어요. 그때 운반용 차 옆쪽으로 녹슨 브레이크가 보였어요. 브레이크를 작동시키자 끼익 소리를 내며 운반용 차가 레일 끝에서 겨우 멈추었지요. 이제 안전한 곳으로 천천히 돌아서 올라가야 해요.

당신이 고른 방향은 틀렸어요. 11×9=99이고 12×8=96이므로 99가 96보다 크지요. 따라서 11×9 > 12×8이에요. >라는 기호는 오른쪽보다 왼쪽이 '더 크다'는 뜻이에요.

80쪽으로 가세요.

철문 자물쇠에 5번 열쇠를 넣고 자물쇠를 열려고 시도해 보았지만, 자물쇠는 열리지 않았어요. 이 열쇠가 아니에요!

그때 발아래 땅이 흔들리더니 절벽 끝에서부터 바위가 부서지기 시작했어요! 부서진 돌은 갈라진 틈으로 굴러 떨어졌고 당신이 서 있는 자리도 곧 무너져 내릴 것 같아요!

빠진 숫자를 채우려면 두 번째 수는 50보다 크고 첫 번째 수는 50보다 작아야 합쳐서 100이 돼요. 얼른 다시 생각해 보세요!

🧭 41쪽으로 가세요.

 횃불을 맞게 골랐어요!

벽에서 횃불을 내리자 불빛이 더 밝아졌어요. 당신은 마음을 단단히 먹고 터널을 따라가기로 했지요.

잠깐만! 이건 무슨 소리일까요? 깃발이 휘날리는 소리? 새의 날갯짓 소리? 어쨌든 뭔가 당신을 따라오는 것 같아요.

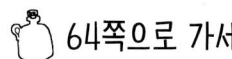 64쪽으로 가세요.

제대로 들어왔어요! 당신 앞에 햇빛이 비추네요.
39×61의 어림은 40×60의 결과인 2400이에요.

🗡 48쪽으로 가세요.

맞았어요! 당신은 잊어버리지 않으려고 그 수를 아까 두 수를 적었던 메모지에 적었어요. 3, 6, 12.

그런 다음 앞을 보니 희미한 빛이 보였어요.
동굴 지하로 흐르는 강물에 양초 불빛이 반사된 것이었어요.
동굴 지하 강은 어둡고 깊은 데다 차가워 보였어요. 강은 저쪽 보이지 않는 깊숙한 동굴에서 흘러나오고 있었지요. 그러고 보니 처음 양초를 얻었을 때 '딱딱한 땅에서는 찾는 수가 보이지 않는다.'고 했으니, 물이 있는 곳으로 가야 하나 봐요. 강물은 딱 보기에도 수영해서 가기엔 위험했어요. 물이 너무 차갑고 물살이 빨랐거든요.

이리저리 생각하면서 차차 어둠과 동굴 구조에 눈이 익숙해지자 미처 못 봤던 노를 저을 수 있는 나무배가 보였어요! 낡은 데다 군데군데 썩었지만 강을 건널 수 있을 정도는 되어 보였어요. 나무배에 타기로 작정하고 막상 강을 건너려고 보니 배는 땅에 박힌 커다란 쇠못에 긴 사슬로 묶여져 있었 지요. 그 앞에 있는 나무판에는 이렇게 쓰여 있었어요.

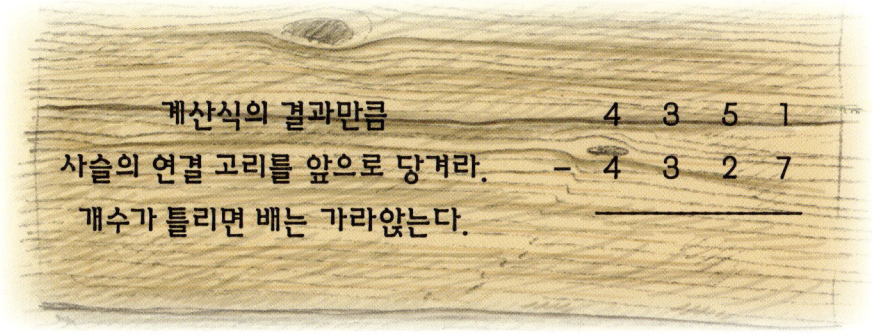

계산식의 결과만큼
사슬의 연결 고리를 앞으로 당겨라.
개수가 틀리면 배는 가라앉는다.

$$\begin{array}{r} 4\ 3\ 5\ 1 \\ -\ 4\ 3\ 2\ 7 \\ \hline \end{array}$$

당신은 이 뺄셈 문제의 답도 필요한 4개의 수 가운데 하나라고 생각했어요. 그리고 뺄셈 문제의 답을 구해 그 답만큼 연결 고리 개수를 세면서 사슬을 앞으로 당겼지요. 1, 2, 3…….

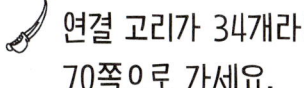 연결 고리가 34개라면 70쪽으로 가세요.

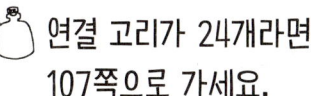 연결 고리가 24개라면 107쪽으로 가세요.

15

갑판 한가운데에는 두 대의 대포와 대포 가운데에 포탄 더미가 쌓여 있었어요. 포탄에는 번호가 쓰여 있군요. 어? 위험한 포탄 사이로 종잇조각이 끼어 있는 게 보였어요. 당신은 종잇조각을 조심스럽게 꺼내 읽었지요.

> 합해서 500이 되는 포탄 2개를 찾아라.
> 찾은 포탄을 각각의 대포에 넣어라.
> 포탄을 잘못 넣으면 싸움이 일어난다.

 225와 275가 쓰인 포탄을 넣었다면 47쪽으로 가세요.

175와 225가 쓰인 포탄을 넣었다면 44쪽으로 가세요.

이제 레드 비어드의 비밀 표시를 찾았으니, 다른 해적 형제의 비밀 표시를 찾기 위해 다시 동굴 입구로 돌아가야 해요. 절망에 빠진 레드 비어드 선장과 해적 무리는 선장의 비밀 표시가 없어진 줄도 모른 채 곰에 쫓겨 정글 쪽으로 갔을 거예요.

🍇 38쪽으로 가세요.

당신은 동굴 벽에 붙어 있던 양초를 떼어 들고 길을 따라 내려왔어요. 갑자기 시끄러운 울음소리가 들려 멈춰 섰지요. 헉! 한 발짝만 더 디뎠다면 바로 앞에 있는 구덩이에 빠졌을 거예요. 휴, 천만다행이에요. 양초로 비추어 보니 바닥도 보이지 않는 캄캄하고 깊숙한 구덩이에요. 신비한 보물 지도를 보니 구덩이의 모습이 그려져 있었지요. 한 번 빠지면 도저히 빠져나올 수 없는 커다란 구덩이가 세 군데나 있었군요. 친절하게도 지도에는 구덩이를 건널 방법도 함께 나와 있었어요.

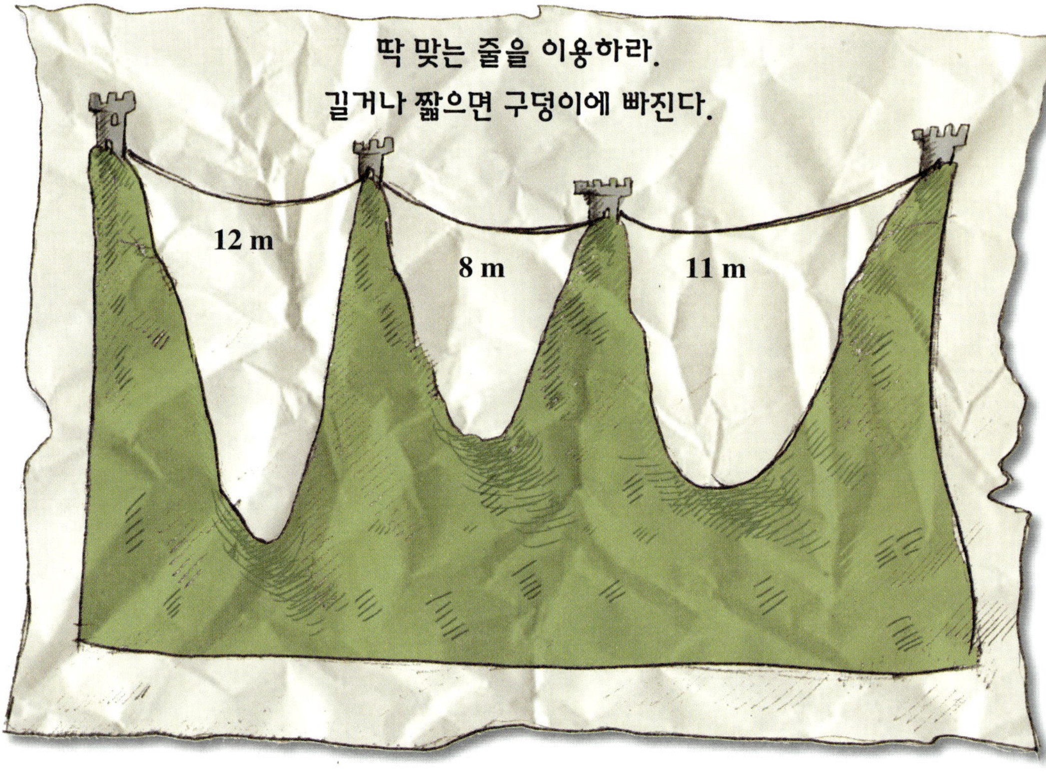

딱 맞는 줄을 이용하라.
길거나 짧으면 구덩이에 빠진다.

12 m   8 m   11 m

당신은 주변을 둘러봤어요. 지도에 구덩이를 건널 방법이 나와 있으니 어딘가에 줄도 있을 것 같았지요. 그리고 어두운 구석에서 줄 3개를 찾았어요. 어떤 줄을 골라야 반대편까지 건너갈 수 있을까요?

⚓ 29m 줄을 골랐다면 101쪽으로 가세요.

☠ 31m 줄을 골랐다면 46쪽으로 가세요.

☘ 33m 줄을 골랐다면 92쪽으로 가세요.

길은 정글을 따라 산비탈로 나 있었어요. 앞쪽에 보물 동굴 입구 쪽을 가리키는 나무 팻말이 보였지요. 보물 동굴의 다른 터널로 가 해적의 표시를 찾아야 해요. 당신은 팻말이 가리키는 방향으로 발길을 돌려 동굴 입구로 돌아갔지요.

🌀 38쪽으로 가세요.

매듭을 잡아당기자 풀리기는커녕 점점 더 조여 오는 것 같아요. 연산 기호를 잘못 놓았나 봐요. 이러다 당신은 보물 동굴에 영원히 갇힐지도 몰라요! 빨리 해적 표시 연산 기호의 바른 위치를 확인해 보세요!

94쪽으로 가세요.

거미줄 건너편에는 두 개의 터널이 있었어요. 블루 비어드 해적 선장과 그 부하들은 어느 쪽으로 갔을까요? 발자국은 이미 지웠는지 보이지 않아요. 그런데 터널 바닥에 숫자가 적혀 있군요! 저 숫자가 단서일지도 몰라요.

뜨거운 바람이 발 주변에서 먼지와 쓰레기가 소용돌이를 일으키고 있어요. 당신은 그 속에서 광부가 썼을 법한 메모를 발견했어요. 일의 자리 답만 쓴 곱셈의 세로식이군요. 당신이 가야 할 터널을 선택하려면 이 문제를 마저 풀어야 할 것 같아요.

1264 터널로 간다면
87쪽으로 가세요.

1284 터널로 간다면
120쪽으로 가세요.

이쪽이 맞아요! 터널의 경사가 급격하게 기울었지만 곧 계단이 보였어요. 당신은 바위를 잘라 만든 계단으로 가기 위해 아래로 더 내려갔어요.

☠ **102쪽으로 가세요.**

당신은 승강기 밖으로 나와 통로를 따라갔어요. 거기에는 커다란 나무통이 한 무더기 쌓여 있었어요. 가만히 살펴보니 그건 화약통이었지요! 블루 비어드와 그의 부하 해적들은 터널을 폭발시킬 계획이었나 봐요. 그들은 마지막으로 남겨진 다이아몬드를 찾고 싶어 했지요.

당신은 화약통 뒤로 숨었어요. 거기에서 돌돌 말린 채 화약통 사이에 끼워져 있는 종이를 찾아냈지요. 종이에는 해적들이 잃어버린 화약 사용법이 적혀 있었어요.

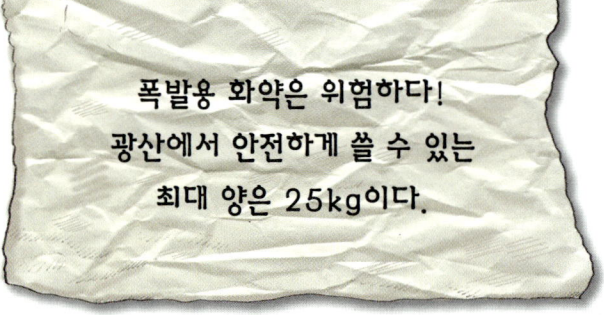

폭발용 화약은 위험하다!
광산에서 안전하게 쓸 수 있는
최대 양은 25kg이다.

당신은 화약통을 조심스레 살펴보았어요. 3.5kg이라고 적힌 화약통이 모두 14개 있었지요.

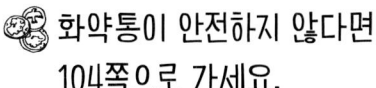 화약통이 안전하지 않다면 104쪽으로 가세요.

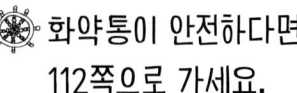 화약통이 안전하다면 112쪽으로 가세요.

 당신은 '두려움의 터널'에 들어가기로 했어요. 터널 입구에서 잠시 멈췄는데 터널의 이름 때문인지 안에 들어가는 게 문득 두려워졌지요. 그때 차가운 바람이 터널 안쪽에서 휙 하고 불어왔어요. 그러자 목 뒤의 머리카락이 쭈뼛 서지 뭐예요. 터널에 들어가기를 망설이고 있자니 부드러운 날갯짓 소리가 들렸어요. 마치 걱정 말고 앞으로 가라고 말하는 것 같았어요. 이제 두렵지 않아요. 당신은 용기를 내어 앞으로 걸어갔지요.

🍡 78쪽으로 가세요.

맞았어요!

6×6은 36이에요. 9×4와 3×12도 36이지요. 당신은 돌을 밟을 때마다 호흡을 가다듬으며 조심조심 밟았어요. 그리고 안전하게 건너편에 도착했지요.

🗡 74쪽으로 가세요.

당신은 나무통이 줄 세워진 뒤쪽으로 갔어요. 나무통 뒤에는 번호가 적혀 있었어요. 그런데 통에 무엇이 들어 있는지는 해적들이 볼 수 있는 앞쪽에만 쓰여 있나 봐요. 아! 어디에 꿀이 들어 있을까요? 당신은 꿀이 어느 통에 들어 있었는지 헷갈렸어요.

그때 나무통에 적힌 글이 보였지요.

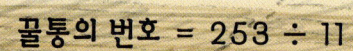

꿀통의 번호 = 253 ÷ 11

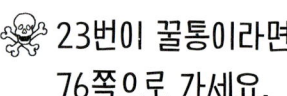

- 21번이 꿀통이라면 83쪽으로 가세요.
- 23번이 꿀통이라면 76쪽으로 가세요.

맞는 수예요! 당신이 192를 말하자 선장의 뼈다귀 손이 쑥 올라갔어요. 동시에 반지가 손가락에서 쏙 빠져나와 책상으로 굴러떨어졌지요. 당신은 그레이 비어드 해적 선장의 비밀 표시인 황금 반지를 주워 손에 꼭 쥐었어요. 해적 표시를 찾았으니 이제 다른 해적 형제의 비밀 표시를 찾으러 가야 해요.

당신은 왔던 길 그대로 다시 돌아갔어요.

배 옆으로 내려가서 나무배를 타고 호수를 지나 동굴을 통과한 다음 절벽에 있는 바위를 따라 줄을 건너 다시 보물 동굴 입구로 왔지요!

38쪽으로 가세요.

여기예요! '돌아올 수 없는 터널'의 입구!
이곳에 아마 해적들의 금은보화가 있을
거예요. 해적의 보물을 과연 당신이
얻을 수 있을까요?
그때 어딘가에서 여러 색깔 깃털의 앵무새
한 마리가 날아와 당신의 어깨에 내려앉았어요.
앵무새는 '폴리곤'이라고 자신을 소개했어요.
폴리곤이 지금까지 당신을 도와주었군요!
"두려워하지 마세요! 두려워하지 마세요!
폴리곤이 여기 있어요!"
앵무새가 소리쳤어요. 앵무새의 자신감 넘치는
목소리가 용기를 주었지요. 당신은 앞으로 계속
걸어갔어요.

108쪽으로 가세요.

성냥 개수를 잘 나누었어요! 성냥 4개를 꺼내서 그 중 하나로 불을 켜 기름등잔을 밝혔어요.

98쪽으로 가세요.

동굴 지하 강을 따라가자 보물 동굴의 장관을 볼 수 있었어요. 이제껏 보지 못했던 아름다운 종유석과 석순, 석주의 독특한 모양을 홀린 듯 바라보았지요. 이 모습은 보물 동굴이 아주 오래되었다는 것을 알려 줬지요.

강물은 흘러 큰 웅덩이에 이르렀어요. 그건 지하 호수였지요! 호수 한가운데에 오래돼 보이는 해적선이 떠 있군요.

해적선을 보느라 정신이 팔린 사이 나무배가 무언가에 부딪혔어요. 얼른 고개를 돌려 보니 나무통 하나가 떠내려 와 부딪힌 모양이에요. 당신은 나무통을 건져 올렸어요. 건져 낸 나무통에는 다음과 같은 글이 새겨져 있었지요.

50에 24를 더하고,
15를 빼고,
다시 11을 빼라.
얼마가 남았는가?

당신은 왠지 그 답이 필요한 4개의 수 가운데 하나일 것 같았어요.

48이라면 60쪽으로 가세요.   52라면 114쪽으로 가세요.

맞아요! 80÷5=16이에요.

당신은 널빤지 16개를 날라 웅덩이를 건너기 위해 한 번에 하나씩 놓았어요. 그리고 곧 당신은 반대편에 도착했지요.

111쪽으로 가세요.

그런데 아까의 폭발로 큰 바위 더미가 터널을 막아 버렸어요. 바위 더미 꼭대기로 두 개의 좁은 틈만 보였지요. 좁긴 하지만 어떻게든 비집고 들어가면 들어갈 수 있을 것 같아요. 다행이에요. 당신이 바위 더미를 오르는데 얼핏 반짝이는 게 보였어요. 다이아몬드 같아서 확인해 보려 했지만 먼지 때문에 제대로 확인할 수가 없었어요. 다만 바위에 새겨진 글만 보였지요.

39×61에 가까운 수의 틈으로 들어가라.

2400 틈으로 들어간다면 13쪽으로 가세요.   2500 틈으로 들어간다면 115쪽으로 가세요.

당신은 깊은 구덩이 건너편에 튀어나와 있는 좁은 바위에 위험천만하게 서 있었어요. 눈앞의 길은 양쪽으로 나누어져 있었지요. 왼쪽, 오른쪽 어느 쪽으로 가야 할까요? 한 손에는 양초를 쥐고 있어서 지도를 보려면 벽에 대고 있는 나머지 손을 써야 해요. 하지만 두 갈래 길이 어떨지 알 수 없는 상황에서 손을 떼는 것은 쉽지 않아요. 다른 방법이 없을지를 생각하며 주위를 둘러보던 당신은 바위에 새겨진 글을 발견했어요.

합이 더 큰 쪽으로 가라!

아래 덧셈식의 결과가 더 크면 왼쪽으로.

아래 덧셈식의 결과가 더 크면 오른쪽으로.

```
   4 4 1 2          5 3 5 8
 + 3 5 3 6        + 2 5 3 2
 ─────────        ─────────
```

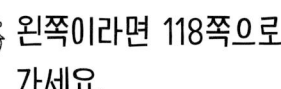 왼쪽이라면 118쪽으로 가세요.

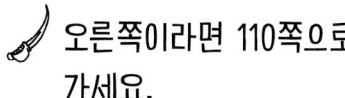 오른쪽이라면 110쪽으로 가세요.

해적의 보물 지도에는 동굴 입구에서 어딘가로 향하는 터널 4개가 그려져 있었어요. X 표시가 있는 곳에 보물이 있어요.

두려움의 터널로 간다면 26쪽으로 가세요.

죽음의 터널로 간다면 68쪽으로 가세요.

돌아올 수 없는 터널로 간다면 63쪽으로 가세요.

절망의 터널로 간다면 84쪽으로 가세요.

어떤 터널을 따라 가야 할까요?

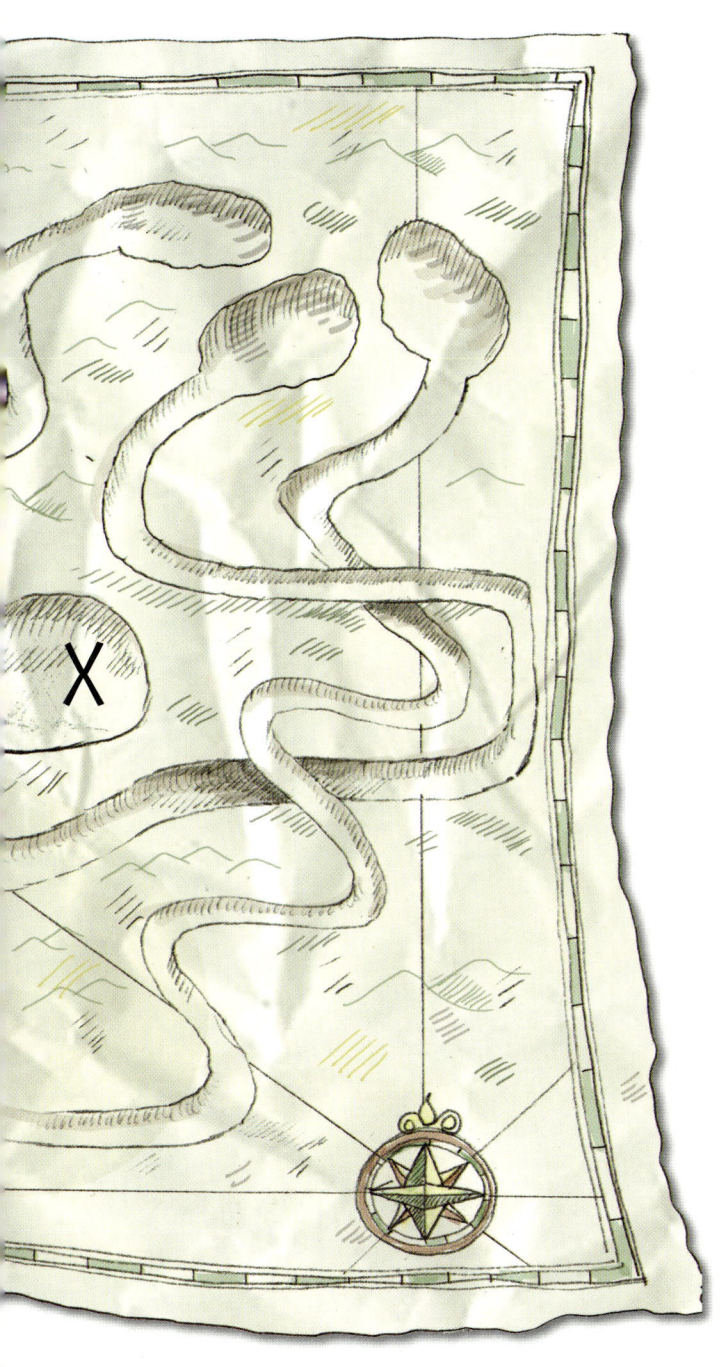

하지만 블랙 비어드가 모르는 것이 있지요. 바로 당신이 모험을 하면서 다른 세 개의 해적 비밀 표시를 모았다는 것을요!

당신은 용감하게 대답했어요.

"블랙 비어드 당신과 보물을 나눠 가질 테니 먼저 내게 당신의 해적 비밀 표시를 주시오."

블랙 비어드가 씩 웃었어요. 그는 당신이 자신이 제시한 황금빛 유혹에 빠졌다고 생각했거든요.

당신이 블랙 비어드의 황금 가슴 띠를 잡자 블랙 비어드가 당신을 올가미 속으로 던져 넣고 자신은 밖으로 빠져나왔지요. 그리고 나서 블랙 비어드는 껄껄 웃으며 소리쳤어요.

"너는 보물을 가질 수 있어. 하지만 여기에 영원히 묶여 있어야 하지!"

블랙 비어드는 해적 모자를 흔들며 사라져 버렸어요. 그러나 당신은 마지막 네 번째 해적 표시를 얻었지요!

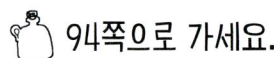 94쪽으로 가세요.

철문 옆에 달린 고리에는 철문만큼 녹슨 열쇠 꾸러미가 걸려 있었어요. 열쇠 꾸러미에는 다음처럼 쓰인 메모지도 같이 달려 있었지요.

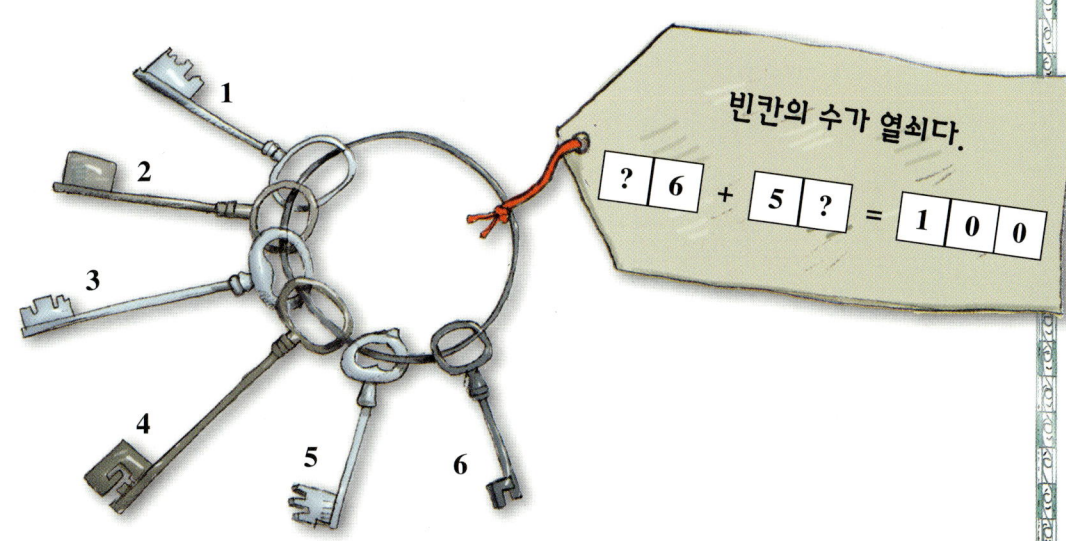

빈칸의 수가 열쇠다.

| ? | 6 | + | 5 | ? | = | 1 | 0 | 0 |

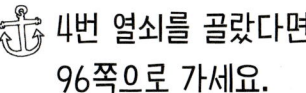

5번 열쇠를 골랐다면 11쪽으로 가세요.

4번 열쇠를 골랐다면 96쪽으로 가세요.

아무리 귀를 기울여도 해적 무리의 말소리는 잘 들리지 않았어요. 당신은 바위 사이의 빈 공간에 혼자 있었어요. 그런데 왠지 따뜻하게 느껴졌지요. 또 어디선가 거친 숨소리가 들렸고요.

당신은 숨소리가 들리는 쪽으로 가까이 다가가 살펴보았어요. 커다란 회색 곰이 깊이 잠들어 있군요! 곰은 길고 날카로운 발톱을 가지고 있었어요. 마치 단검처럼 보이는 노란 이빨도 보였지요. 으악! 곰이 깨면 안 돼요! 어떻게 해야 곰이 깨지 않을까요?

오만 가지 생각으로 머릿속이 복잡하던 바로 그때 당신은 동굴 벽에 적혀 있는 글을 보았어요.

곰이 깊은 잠에서 깨지 않도록 조용히 수를 세어라.
곰이 깨면 잡아먹힐 것이다.
500÷?=5
?의 수까지 수를 세면 달아날 수 있다.

⚓ 50까지 세었다면
71쪽으로 가세요.

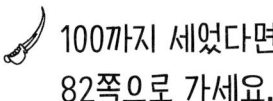 100까지 세었다면
82쪽으로 가세요.

당신은 175와 225가 쓰인 포탄을 대포에 넣었어요. 엄청난 소리가 나면서 포탄에 불이 붙었고, 그게 신호였어요! 갑판에 있던 해적 해골이 살아나더니 총을 쏘고 칼을 흔들어 대면서 당신에게 몰려들었지요.

포탄을 잘못 골랐어요! 무슨 수로 살아 움직이는 해골을 이길 수 있을까요? 그때 돛대 꼭대기에서 무언가 날아왔어요. 그리고 돛대의 줄이 당겨지는가 싶더니 돛이 무너져 내렸지요. 해골 해적들은 순식간에 그 밑에 깔려 버렸어요! 누군가 당신을 도와 줬군요. 175와 225의 합은 500이 아니라 400이에요.

🧭 **16쪽으로 가세요.**

당신이 Y 널빤지를 피한 다음 X 널빤지를 밟으려는 순간 "꽥!" 하는 소리가 났어요. 당신은 순간 멈춰 섰지요. 그리고 나서 X 널빤지를 보니 당신이 널빤지를 밟으면 당장 부서질 것처럼 보였어요.

6×150은 900이에요. 900은 숫자가 적힌 줄의 거의 끝에 있지요.

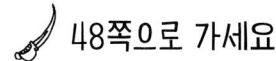 48쪽으로 가세요.

구덩이를 건너려고 줄을 던졌더니 반대편 끝에 닿았어요. 줄의 고리가 바위 틈에 딱 걸렸어요. 당신은 줄에 의지해 조심스럽게 구덩이 세 개를 건너 무사히 맞은편에 도착했어요! 딱 맞는 줄을 잘 골랐군요.

36쪽으로 가세요.

당신은 225와 275가 쓰인 포탄을 대포에 넣었어요. 포탄을 맞게 골랐어요! 포탄 무게 때문인지 대포가 갑판 앞쪽으로 굴러갔어요. 속도가 점점 빨라지더니 갑판 끝에 있는 문에 부딪혔지요! 문이 엉망진창으로 부서진 곳은 바로 선장의 방이었어요!

88쪽으로 가세요.

햇빛이 비추는 쪽으로 올라가는데 해적들이 따라오는 소리가 들렸지요. 그런데 잠시 소리가 멈추었어요! 해적들이 무언가 발견한 모양이에요. 다이아몬드일까요? 선장 블루 비어드만 계속 당신을 따라오고 있군요.

터널이 정글로 이어져 있어요. 하지만 정글로 가려면 깊은 골짜기에 놓인 끊어질 것 같은 위험한 다리를 건너가야 해요. 과연 이 다리가 당신의 몸무게를 견뎌 줄까요? 이런 생각을 하며 다리 앞에 도착하자 안내판이 있었어요.

다리 널빤지는 대부분 튼튼하다. 그러나 6×150은 밟지 마라. 추락할 수도 있다.

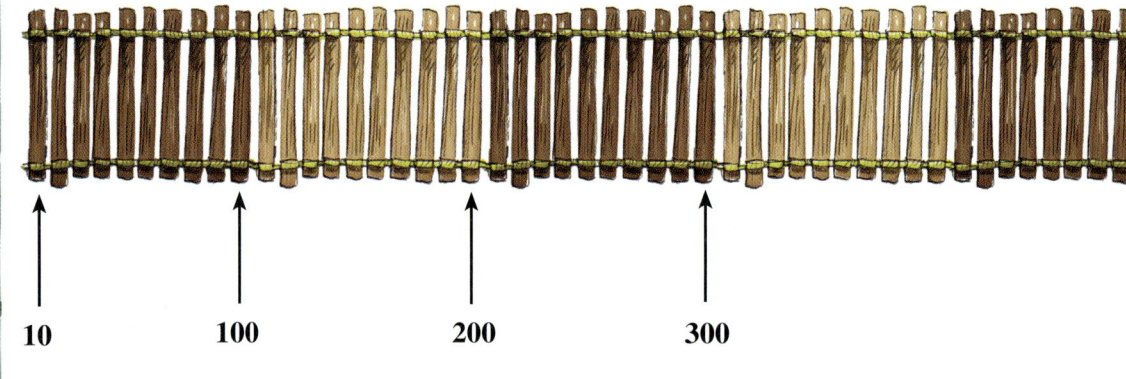

10   100   200   300

48

다리의 널빤지 하나가 10인 모양이에요. 한쪽 끝에는 10이 반대쪽 끝에는 1000이 적혀 있었거든요. 그렇다면 6×150 널빤지는 어디에 있을까요?

🍶 6×150 널빤지가 X라면 116쪽으로 가세요.

🪙 6×150 널빤지가 Y라면 45쪽으로 가세요.

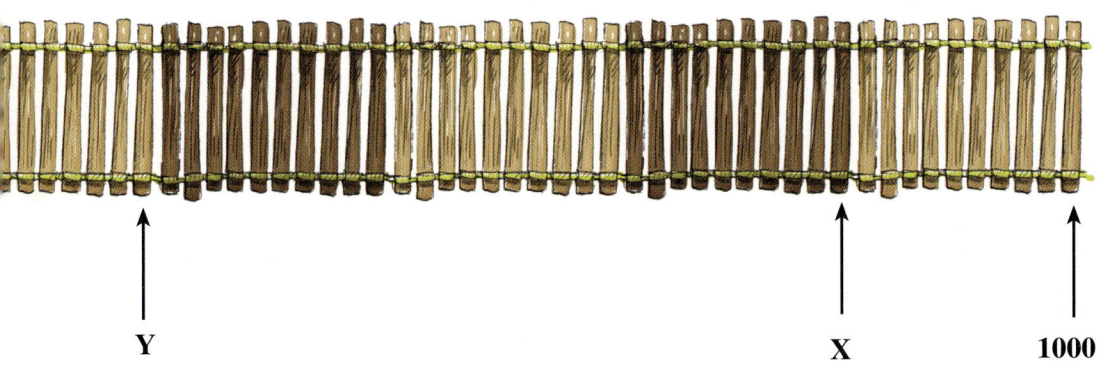

조금 걸어가니 터널이 더 넓어졌어요. 당신은 양초를 내밀어 길을 밝히며 앞으로 걸어갔어요. 양초의 희미한 불빛에만 의지해 미지의 동굴을 탐험하는 건 꽤 두려운 일이에요. 하지만 용기를 그러모아 마음을 다잡고 나아갔지요.

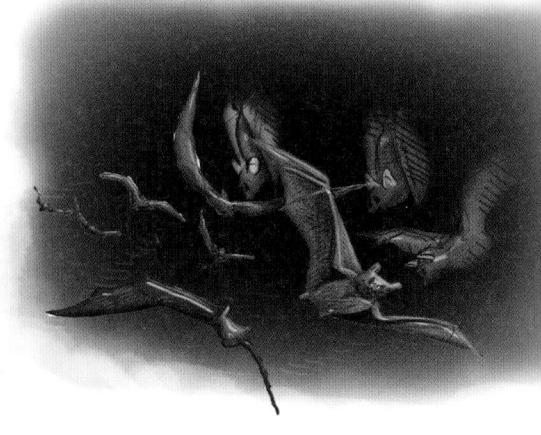

잠깐만요. 방금 머리 위 동굴 천장에서 뭔가 움직인 것 같아요! 깍깍 하는 소리와 날갯짓 소리가 들려요. 가만히 소리가 들리는 쪽을 바라보았어요. 그러자 수백 마리는 될 법한 오싹한 박쥐의 모습이 보였지요. 일부는 털이 난 과일처럼 매달려 있고, 또 일부는 날개를 펄럭이며 사방팔방으로 날아다녔어요.

천장의 박쥐 모습에 정신이 팔린 당신은 무언가를 밟고 휘청였어요. 다행히 순간적으로 균형을 잡아 넘어지진 않았어요. 그러나 등줄기로 땀이 쭉 흘러내렸지요. 당신은 어두운 바닥을 양초로 비추어 걸려 넘어질 뻔했던 물건을 찾아봤어요. 그것은 평평한 돌판이었지요. 돌판을 땅바닥에서 주워 들어 올리자 꽤 묵직했어요. 조심스레 양초로 돌판을 비추며 무엇인지 확인했어요.

거기에는 다음과 같은 소름 끼치는 글과 함께 해적의 해골 표시가 새겨져 있었어요.

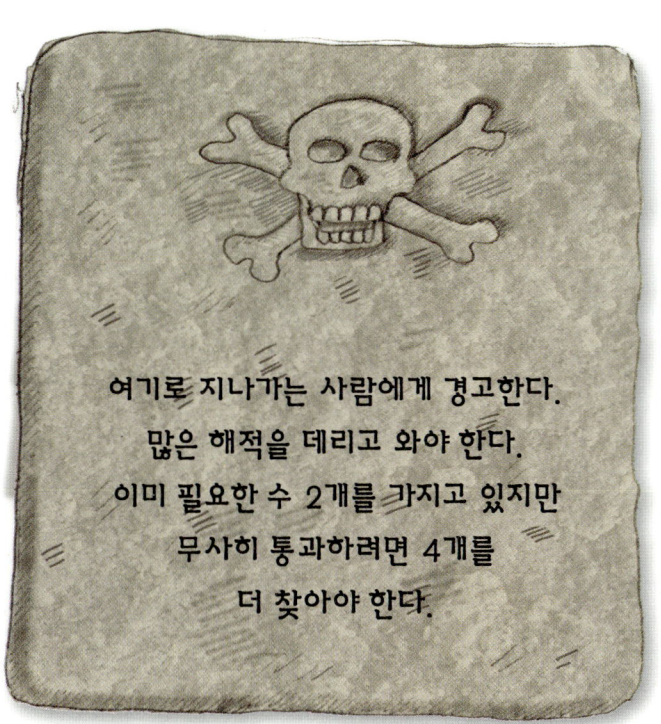

여기로 지나가는 사람에게 경고한다.
많은 해적을 데리고 와야 한다.
이미 필요한 수 2개를 가지고 있지만
무사히 통과하려면 4개를
더 찾아야 한다.

🌀 86쪽으로 가세요.

 당신은 레드 비어드 일당의 해적 소굴에 다다랐어요. 음식 통, 양념 자루, 여러 가지 두루마리 등 족히 가슴까지 찰 만큼 온통 해적들의 물건이 쌓여 있었어요. 해적들은 레드 비어드 선장 주변으로 동그랗게 모여 있었지요. 레드 비어드 선장은 동전 꾸러미에서 금화를 꺼내 나누어 주었어요.

당신은 레드 비어드 선장이 200개의 금화가 있다고 말하는 것을 들었어요. 선장을 포함해 모두 15명의 해적이 그 자리에 있었지요. 선장이 각자에게 금화를 13개씩 나눠 주고 나니 금화 5개가 남았어요. 몇몇 선원이 선장이 실수했다고 말했어요.

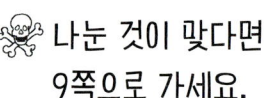 나눈 것이 맞다면 9쪽으로 가세요.

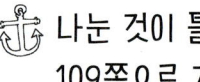 나눈 것이 틀리다면 109쪽으로 가세요.

당신이 96이라고 수를 말하려고 하자, 선장의 눈이 빨갛게 변하더니 뼈로 된 손이 단검을 집으려는 듯 움직였어요. 순간 "꽥!" 하는 소리가 크게 났고, 끝까지 말하지 못했지요.

당신이 말한 수는 답이 아닌가 봐요! 이 수열에서 규칙은 수가 2배씩 커지는 것이에요. 그러므로 바로 다음에 올 수는 96이 맞아요. 하지만 '수열에서 나온 다음 수의 다음 수'를 물었기 때문에 답이 아니에요. 96의 2배인 수는 무엇일까요?

 88쪽으로 가세요.

운반용 차는 터널 깊은 곳에 있는 새장 옆에서 멈추었어요. 아까 "꽥!" 하는 소리는 여기에서 났던 모양이에요. 그 소리는 바닥까지 울려 퍼졌어요. 그런데 새장 치고는 크기가 좀 컸지요. 그래서 다시 찬찬히 보니 그건 새장이 아니라 승강기였어요. 광부와 도구를 광산 밑으로 옮길 때 썼을 거예요. 승강기 문에 종이가 붙어 있었는데 다음의 설명과 표가 쓰여 있었어요.

> 마지막 다이아몬드를 찾으려면
> V층으로 가라.
> 승강기 손잡이를 돌리면 작동한다.
> T층에서 멈추면 안 된다!

X	1	2	3	4	5	6	7	8	9	10
7	7	14	21	V	35	42	49	56	63	70
8	8	16	24	32	40	48	56	64	72	80
9	9	18	T	36	45	54	63	72	81	90

당신은 위의 표를 이용해 V와 T가 무엇인지 알아내야 했지요.

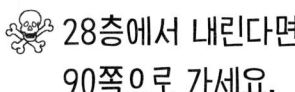 28층에서 내린다면 90쪽으로 가세요.

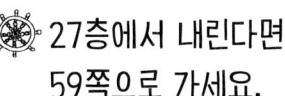 27층에서 내린다면 59쪽으로 가세요.

레드 비어드 선장과 해적들은 점점 더 시끄럽게 싸웠어요. 이것은 기회였지요! 이 기회에 레드 비어드 해적 무리를 절망에 빠트리면 당신은 해적의 비밀 표시를 얻을 수 있어요. 하지만 어떻게 해야 해적들이 절망에 빠질까요?

당신은 재빨리 이곳에 있는 물건들을 하나하나 살펴보았어요. 신비한 보물 지도에서는 '당신이 처한 위험을 이용해라!'라고 했어요.

그때 '꿀'이라고 적힌 나무통이 보였지요.

바로 그거예요! 꿀통과 커다란 곰!

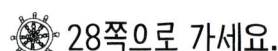 28쪽으로 가세요.

당신이 고른 수가 답이에요! 각 줄에 있는 세 수의 합은 모두 20이에요.
9+9+2=20, 11+6+3=20, 5+9+6=20, 9+3+8=20.

당신은 가방에서 메모지를 꺼내 숫자 3과 6을 적었어요. 동굴 벽의 글에서 해적을 만났을 때 2개의 수가 필요하다고 했으니까요.

18쪽으로 가세요.

 절망의 터널은 한 치 앞도 안 보일 정도로 어두웠어요. 다행히 그 어둠 속 깊이 들어가기 전 기름등잔과 성냥 한 상자를 찾았지요. 당신은 등잔에 불을 붙이려고 성냥 상자를 들어 올려 열었어요. 성냥 상자에 다음과 같은 설명이 적혀 있었지요.

성냥은 24개다.
당신을 포함한 6명이 성냥을 나눈다고 할 때
똑같이 나누어 당신 몫을 가져가면
등잔의 불이 켜진다.

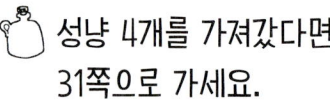 성냥 4개를 가져갔다면 31쪽으로 가세요.

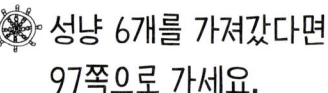 성냥 6개를 가져갔다면 97쪽으로 가세요.

당신은 승강기에 들어가 승강기 손잡이를 돌렸어요. 승강기가 아래로 내려 갔지요. 승강기 위쪽에 달린 바늘 눈금이 현재 위치가 어디인지 알려 주었어요. 27층이에요. 내리려고 하니 문이 열렸어요.

그때였지요. 털이 나 있는 커다란 팔이 승강기로 쑥 들어왔어요! 뾰족뾰족한 손톱의 우락부락한 손이 당신을 막 움켜잡으려는 순간, 무언가가 꽥 소리를 내며 괴물에게 날아들었어요. 그러자 커다란 팔이 움찔거리며 잠시 뒤로 물러났지요. 그 틈을 노려 당신은 재빠르게 승강기 문을 닫았어요.

당신은 가야 하는 층을 잘못 골랐어요. 3×9는 27이고, 4×7은 28이에요. T층이 아닌 V층에서 내려야 해요.

 54쪽으로 가세요.

맞았어요! 당신은 메모지에 48을 써넣었어요. 아래처럼요. 이 수의 규칙이 보이나요?

당신은 노를 저어 해적선 앞까지 갔어요.

🗡 100쪽으로 가세요.

당신도 블루 비어드와 그의 부하들을 따라 달려갔어요. 환한 빛이 엄청난 소리를 내며 따라왔지요. 당신은 바위 뒤에 급히 숨었어요. 자욱한 먼지구름이 터널 바닥에 깔렸어요. 해적들은 모두 기침을 하고 눈을 비볐지요. 사방에서 기침 소리가 나자 당신은 해적들에게 들키지 않으려고 주변을 둘러보았어요. 그런데 바로 옆에 블루 비어드 선장이 있지 않겠어요! 그는 황금 메달이 달린 목걸이를 하고 있었어요. 그건 해적의 비밀 표시였지요!

먼지 때문에 블루 비어드 선장이 앞을 볼 수 없는 틈을 타, 당신은 손을 뻗어 번개처럼 황금 메달을 낚아챈 다음 재빨리 달아났어요. 블루 비어드 선장이 놀라서 소리치더니 해적 부하와 함께 당신 뒤를 쫓아왔지요!

☠ 35쪽으로 가세요.

당신은 네 개의 올가미를 재빨리 풀어서 멀리 던져 버렸어요. 해적의 저주는 깨져 버렸지요! 이제 보물은 당신 차지예요!

튀어나온 동굴 벽에 앉아 있던 폴리곤이 깡충 뛰어 내려와 외쳤어요.

"금화다! 금화!"

잠시만요! 당신 뒤에서 발자국 소리가 들려요. 누군가 당신이 매듭의 퀴즈를 풀어서 기분이 안 좋아졌나 봐요.

66쪽으로 가세요.

당신은 가야 할 방향을 알려 주는 해적의 보물 지도를 펼쳐 보았어요. 그리고 해적의 신비한 보물 지도에 뭔가 쓰여 있다는 걸 알았지요.

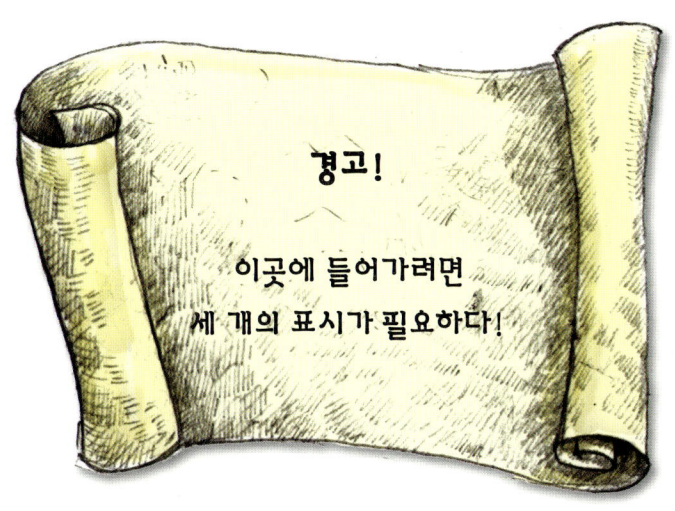

세 개의 표시가 있다면 30쪽으로 가세요.

세 개의 표시가 없다면 38쪽으로 가세요.

한참을 걷자 터널 바닥을 가로지르며 넓게 벌어진 틈이 나타났어요. 멀리서도 후끈후끈한 기운이 느껴지는 게 심상치 않아요. 당신은 조심조심 벌어진 틈까지 걸어가 아래를 내려다보았어요.

녹은 용암이 흐르며 길을 막고 있었지요. 용암이 뜨겁게 펄펄 끓고 있어서 도저히 건널 수가 없어요! 그때 징검다리 같이 뾰족하게 나와 있는 돌이 보였어요. 과연 저 돌을 밟고 안전하게 건너갈 수 있을까요?

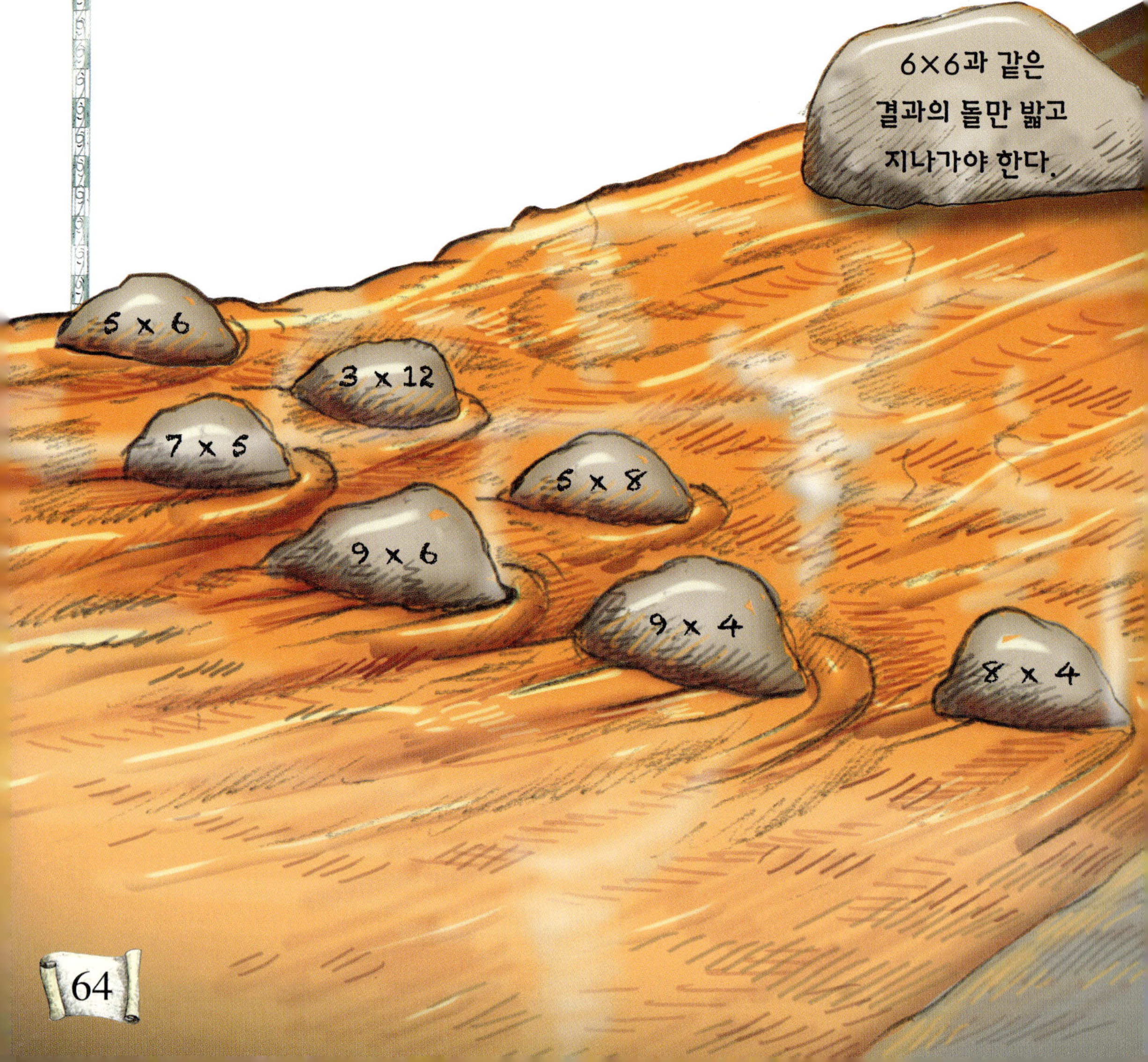

6×6과 같은 결과의 돌만 밟고 지나가야 한다.

5 × 6
3 × 12
7 × 5
5 × 8
9 × 6
9 × 4
8 × 4

저기 조금 떨어져 있는 넓적한 큰 돌에 단서가 있군요. 징검다리 돌에는 각각 다른 곱셈식이 있어요.

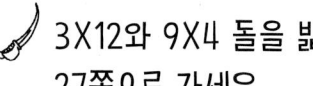 3X12와 9X4 돌을 밟았다면 27쪽으로 가세요.

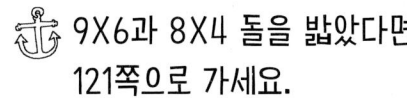 9X6과 8X4 돌을 밟았다면 121쪽으로 가세요.

뒤를 돌아보니 블랙 비어드가 단검을 들고 성큼성큼 다가오고 있었어요.
"매듭의 퀴즈를 푼 사람은 사라져야 해!"
그가 외치자 폴리곤이 줄을 입에 물고 날아와 블랙 비어드 주변을 빙빙 돌면서 그대로 묶어 버렸어요. 이제 안전해요!

당신은 금화를 한 움큼 집어 보았어요. 번쩍이는 금화는 꽤 무거웠지요. 이 금화를 전부 가져갈 수 있을까요? 영원히 여기에 앉아서 쓰지도 못하는 보물을 지키는 일은 별로예요. 당신은 행운을 빌며 금화 하나를 꺼내 금은보화 더미에 튕겨 넣은 다음 보물을 등지고 돌아섰어요. 새로운 친구 폴리곤과 함께할 수 있는 더 신나고 재미있는 모험이 당신을 기다리고 있을 거예요!

끝

'죽음의 터널'로 들어가니 횃불이 터널을 밝히고 있었어요. 폭죽과 썩은 달걀 냄새가 섞인 고약한 냄새가 났고, 당신 얼굴로 뜨겁게 데워진 강한 바람이 불어왔지요. 그런데 저 멀리에서 이상한 소리가 나는 것 같아요. 낮게 우르릉거리는 소리가 나다가 뭔가 찐득찐득한 소리가 났어요. 또 콸콸 흐르는 소리였다가 쉬쉬하고 스치는 소리로 바뀌었지요. 그리고 바닥에는 누군가 그려 놓은 화살표와 글이 있었어요.

광산으로 가는 길

블루 비어드의 광산에
희귀한 다이아몬드가 있다.
곱셈식이 그곳에 데려다줄 것이다.
7의 7배가 이끄는 길로 가라.

블루 비어드는 네 명의 해적 형제 중 한 명이에요! 당신이 무사히 보물 동굴의 보물을 찾으려면 해적이 가지고 있는 비밀 표시가 있어야 하지요. 비밀 표시의 단서가 어디에 있는지 알아보려고 주변을 둘러보던 당신은 벽에 나란히 걸려 있는 횃불 옆에 쓰인 숫자를 발견했어요. 바닥에 쓰인 글대로라면 당신은 글 속에 나온 조건의 숫자가 쓰인 횃불을 가져가야 해요.

47번 횃불을 가져가려면 122쪽으로 가세요.

49번 횃불을 가져가려면 12쪽으로 가세요.

당신은 나무배의 연결 고리 사슬을 너무 많이 끌어 당겨 배가 물살에 밀려 멀리까지 나갔어요! 물살에 휘말려 조종이 안 되던 배는 아차하는 순간 바위를 긁고 지나갔지요. 배에 구멍이 났을지도 몰라요! 그때 강물에 소용돌이가 생기면서 손쉽게 배를 다시 끌어당길 수 있었지요. 다행히 배는 아무 데도 부서지지 않았어요.

뺄셈을 다시 해 보세요. 1을 11로 바꿀 때 앞 자릿수의 5를 4로 바꾸는 것을 잊지 마세요.

$$\begin{array}{r} 43\overset{4}{\cancel{5}}\overset{10}{1} \\ -4327 \\ \hline 4 \end{array}$$

☠ 14쪽으로 가세요.

당신은 정해진 수까지 세지 못했어요! 곰이 막 깨어나려고 해요.

500을 50으로 나누면 답은 10이에요. 500을 100으로 나누어야 답이 5가 되지요.

어라? 누군가 당신을 대신해 숫자를 계속 세고 있어요. 누구일까요?

⚓ 42쪽으로 가세요.

동굴 벽의 양초가 꺼졌어요. 당신은 예고도 없이 어둠 속에 갇혔지요. 당신이 고른 수는 답이 아니에요.

보세요. 세 수의 합을 구할 수 있는 한 줄이 있어요. 9+9+2=20으로 완성되니까 다른 줄에서도 세 수의 합이 20이 되어야 해요. 이 조건에 맞는 두 수를 찾아야 하지요.

날개가 퍼덕이는 소리가 들리더니 불붙은 성냥이 바닥에 탁 떨어졌어요. 당신은 성냥을 집어 다시 동굴 벽의 양초를 켰지요. 날개 소리는 무엇이었을까요?

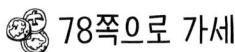 78쪽으로 가세요.

당신은 묶여 있는 블랙 비어드 선장에게 가까이 다가가 올가미의 매듭을 보았어요.

"내 해적의 비밀 표시가 없으면 보물을 가질 수 없지!"

블랙 비어드가 소리쳤어요.

"그건 이미 알고 있소!"

40쪽으로 가세요.

이제 가파른 내리막길이에요. 공기는 점점 더 뜨거워지고, 소리는 점점 더 크게 들렸어요. 어? 흙바닥에 발자국이 찍혀 있어요. 그리고 저 앞에 빛나는 물건이 떨어져 있네요. 뭘까요? 좀 더 다가가니 떨어진 물건은 해적의 단검이에요. 여긴 블루 비어드와 그의 부하가 다이아몬드를 찾으러 왔던 곳이군요! 그런데 터널 입구는 뚫기 힘들 정도로 빼곡한 거미줄로 막혀 있어요. 안쪽에도 거미줄이 여기저기 빼곡히 들어 차 있어요. 함정이 있을지도 몰라 거미줄을 건드리는 것도 위험할 것 같아요. 그리고 보니 해적의 단검 옆에 어떤 글이 쓰여 있어요.

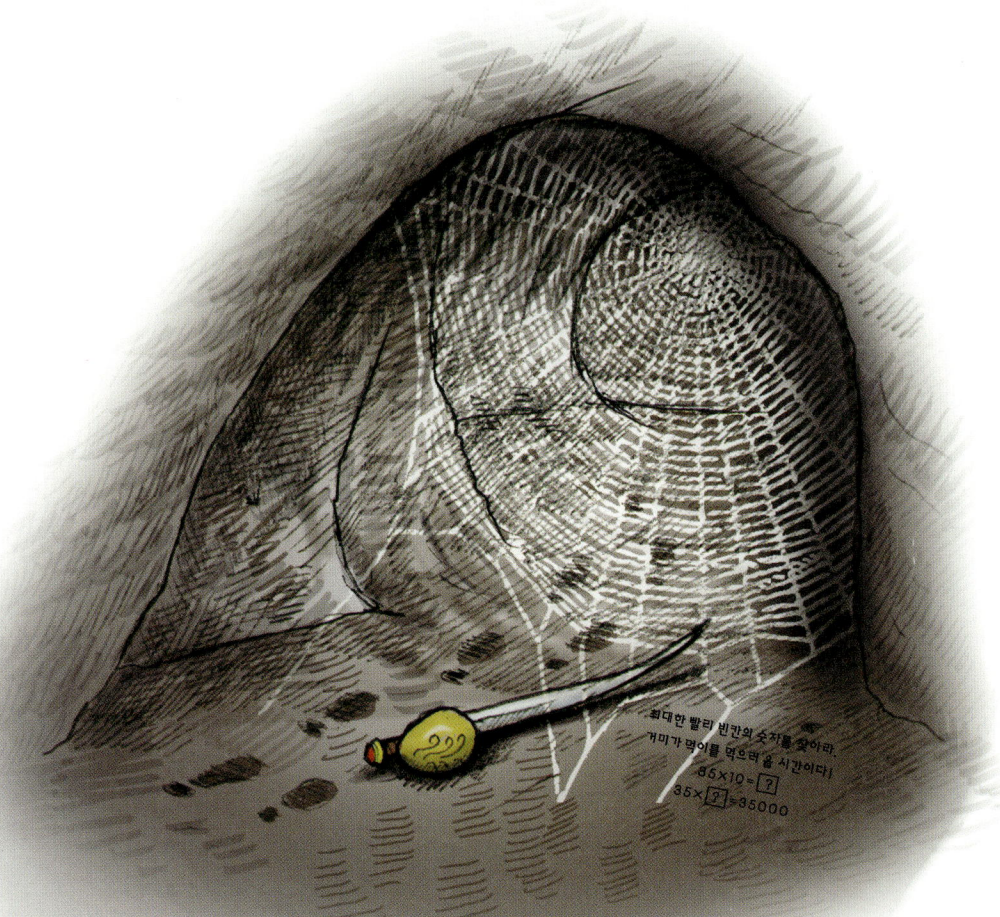

최대한 빨리 빈칸의 숫자를 찾아라.
곧 거미가 먹이를 먹으러 올 시간이다!

$35 \times 10 = \boxed{?}$

$35 \times \boxed{?} = 35000$

350과 1000이라면
117쪽으로 가세요.

3500과 100이라면
91쪽으로 가세요.

당신이 고른 나무통이 꿀통이었어요! 나무통의 코르크 마개를 빼내자 꿀이 흘러나왔어요. 당신은 꿀통을 곰의 보금자리 쪽으로 굴렸고 꿀통이 굴러가면서 땅바닥에 꿀이 흘러 흔적이 남았지요. 곰의 보금자리 바위 틈에 이르자 당신은 꿀통이 곰 앞쪽에서 멈추도록 적당히 힘을 주어 밀었어요. 그와 동시에 곰이 잠에서 깨어나 꿀 냄새를 맡았어요. 그리고 입맛을 다시며 꿀의 흔적을 따라 나왔지요.

93쪽으로 가세요.

 두려워하지 마세요! 당신이라면 충분히 도전해 볼 만한 모험이고 누군가 도움을 줄 거예요. 당신이 위험에 처해 있을 때면 틀림없이 안전하게 지켜 줄 테니 걱정 마세요. 한 번에 하나씩 안내를 따르세요. 당신이 얼마나 많은 것을 알고 있었는지 새삼 놀라게 될 거예요!

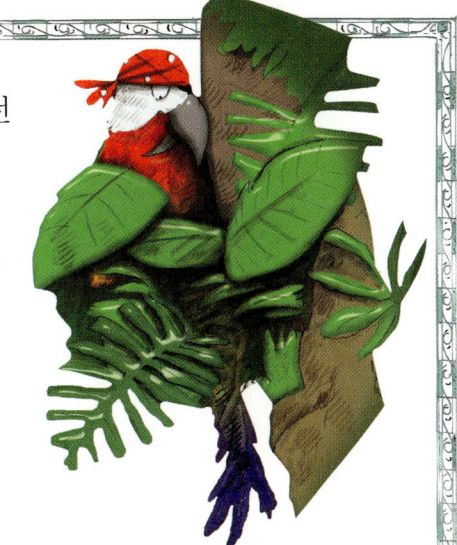

38쪽으로 가세요.

불빛 하나 없는 정글의 밤처럼 깜깜한 길이 펼쳐졌어요. 아무것도 볼 수 없는 탓인지 심장이 쿵쾅거리는 소리만 더 크게 들렸지요. 와! 저 멀리에서 한줄기 빛이 보여요. 당신은 기뻐서 빛이 보이는 쪽으로 걸음을 재촉했지요. 그곳에 다다르니 빛의 정체는 동굴 벽에 촛농으로 붙여 놓은 양초였어요. 양초 옆 동굴 벽에는 촛불의 그을음으로 글을 써 놓았지요.

딱딱한 땅에서는 찾는 수가 보이지 않는다.
해적을 만났을 때 2개의 수가 필요하다.
한 줄에 있는 세 수의 합이 같아야 한다.

3과 6이라면 57쪽으로 가세요.

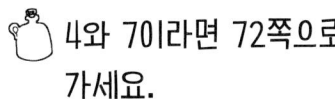 4와 7이라면 72쪽으로 가세요.

덜컹거리며 앞으로 나아가던 낡은 운반용 차가 갈림길 앞까지 갔어요. 당신은 우두커니 멈춰 섰지요. 레일은 두 개의 터널에 모두 깔려 있었어요. 어느 터널로 가야 할까요?
고민하고 있을 때 당신은 운반용 차 뒤에 뭔가 쓰여 있다는 걸 알아챘어요. 가까이 다가가 읽어 보니 갈림길의 단서였지요. 그 내용은 다음과 같아요.

11×9가 12×8보다 큰가?
이 내용을 표현하는 기호를 고르라.

11×9   ?   12×8

크다면(>) 오른쪽으로.
작다면(<) 왼쪽으로.

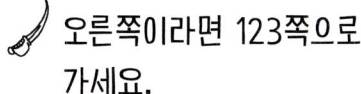 오른쪽이라면 123쪽으로 가세요.

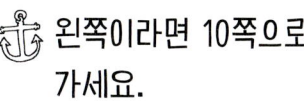 왼쪽이라면 10쪽으로 가세요.

 100까지 세자 곰이 코를 골기 시작했어요. 당신은 곰이 깨지 않도록 곰의 보금자리에서 발끝을 들고 조용히 빠져나왔어요.

⚓ 52쪽으로 가세요.

당신이 고른 나무통은 꿀통이 아니었어요! 못만 가득 들어 있군요. 당신이 못이 든 나무통을 굴리자 못이 덜거덕덜거덕 소리를 냈어요. 해적들이 그 소리를 듣고 뒤돌아보았어요. 그때 "꽥!" 하는 큰 소리가 났지요.

"앵무새 소리였군!"

레드 비어드가 안심하며 말했어요. 그러나 레드 비어드의 앵무새는 잠들어 있었지요. 해적들은 다시 싸우기 시작했어요.

아래의 세로식으로 다시 계산해 보면 당신이 원하는 답을 구할 수 있을 거예요.

```
         2
    ┌─────────
 11 │ 2 5 3
      2 2 0
      ─────
        3 3
```

🎡 28쪽으로 가세요.

당신은 '절망의 터널'에 들어가기 전 터널을 자세히 알아 두려고 해적의 보물 지도를 살펴보았어요. 지도에는 다음과 같은 설명이 쓰여 있었지요.

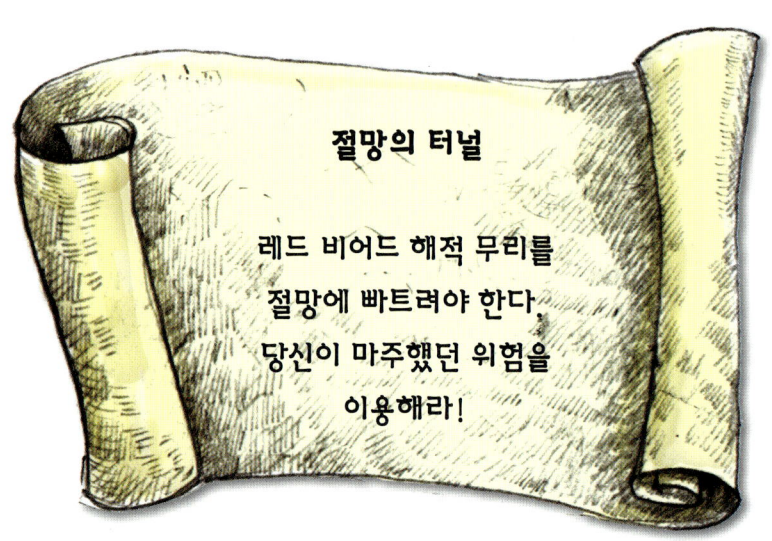

절망의 터널

레드 비어드 해적 무리를
절망에 빠트려야 한다.
당신이 마주했던 위험을
이용해라!

입구는 바로 앞에 있었는데, 입구가 좁아서 위험 천만한 어떤 것이 튀어나오면 어디로 달아나지도 못한 채 꼼짝없이 당할 수밖에 없는 구조예요. 당신은 터널에 발을 들여놓는 걸 망설였어요.

그때 친근한 목소리가 당신의 이름을 불렀어요. 주위를 둘러보았지만 어디선가 날아온 아름다운 색깔의 깃털 말고는 아무것도 없었지요. 언뜻 색색깔의 아름다운 새 한 마리가 안에서 날아다니고 있는 것을 본 것 같아요. 그리고 터널 저쪽에서 부드러운 날갯짓 소리가 들렸어요. 자신을 따라오라는 것처럼 말이에요.
당신은 용기를 내어 그 소리를 따라가 보기로 했어요.

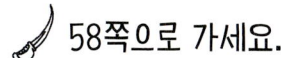 58쪽으로 가세요.

당신은 돌판에 새겨진 글을 낮게 중얼거려 보았지요. 그러면서 돌판을 주운 곳을 바라보았더니 아래와 같은 뺄셈 문제가 새겨져 있었어요.

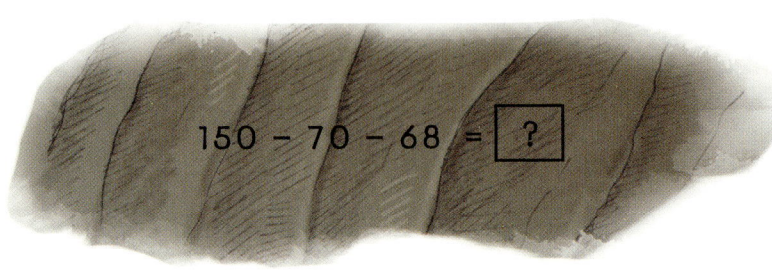

150 - 70 - 68 = ?

이 문제의 답도 무사통과에 필요한 4개의 수 중 하나인 것 같아요. 당신은 뺄셈식을 풀어 빈칸에 숫자를 써서 식을 완성했어요.

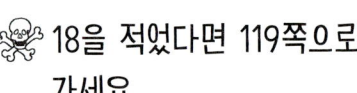 18을 적었다면 119쪽으로 가세요.

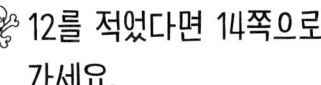 12를 적었다면 14쪽으로 가세요.

1264 터널로 들어갔더니 내리막길이 이어지다가 다시 오르막길이 이어졌어요. 좀 이상해 보였지요. 그때 앞에서 우르릉 하는 소리가 들렸어요. 그쪽을 쳐다보니 엄청나게 큰 바위가 당신 쪽으로 굴러오고 있어요! 당신이 어쩔 줄 몰라 하며 당황하고 있을 때 "꽥꽥!" 하는 큰 소리가 나 주변을 살펴봤어요. 그러자 불편한 자세지만 어떻게든 쑤셔 넣으면 간신히 몸이 들어갈 수 있을 것 같은 좁은 틈이 보였지요. 땀을 뻘뻘 흘리며 그 틈으로 당신이 몸을 숨기자마자 바위가 간발의 차이로 스쳐 지나갔어요!

이쪽 터널이 아니에요. 곱셈을 할 때 받아 올림하는 것을 잊지 마세요.

$$\begin{array}{r} \overset{2}{2\,1\,4} \\ \times 6 \\ \hline 4 \end{array}$$

🌰 22쪽으로 가세요.

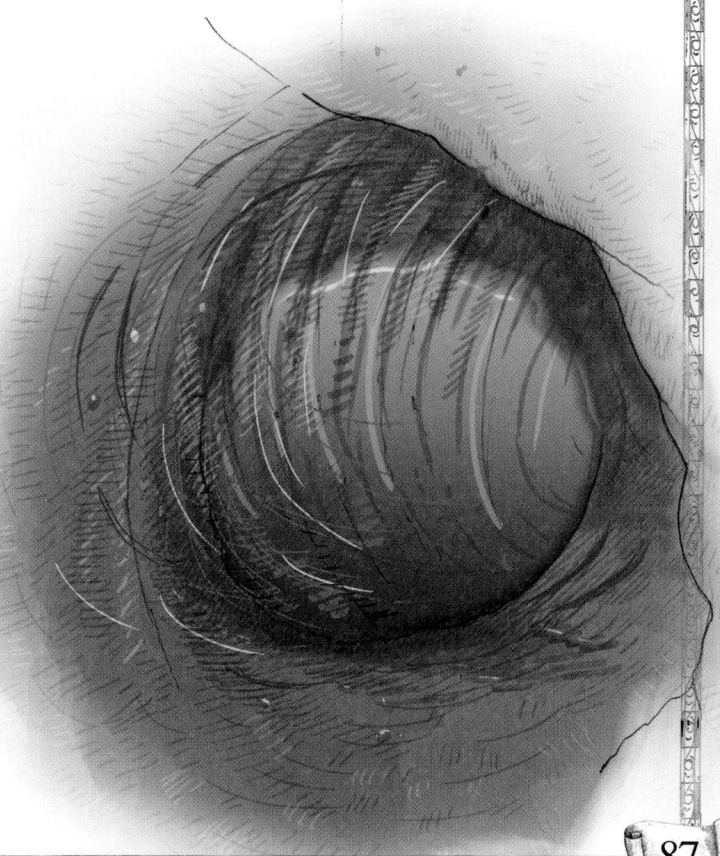

방에 들어가니 해적 선장이 책상에 앉아 있었어요. 그는 해적 형제 중 한 명인 그레이 비어드였지요. 그러나 책상에 있는 건 해골이었어요! 뼈마디밖에 남아 있지 않은 손은 펼쳐진 배의 항해 일지에 놓여 있었어요. 손가락에는 큼직한 황금 반지를 끼고 있었고요. 그 반지가 해적의 비밀 표시예요! 당신은 침을 꿀꺽 삼킨 다음 해골 손가락에서 반지를 빼려고 했지만 해골의 손은 꼼짝도 하지 않았어요. 이리저리 반지를 빼 보려는데 문득 항해 일지에 쓰인 글이 눈에 들어 왔어요.

내 부하 수를 말하면
반지를 주겠네.
지금까지 모은 수의 규칙적인 나열에서 나올
다음 수의 다음 수이지.

모은 수의 규칙적인 나열이라면······. 두려움의 터널을 탐험하며 모았던 수를 말하는 게 틀림없어요!

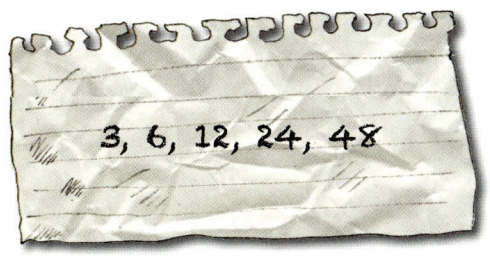

- 96명이라면 53쪽으로 가세요.
- 192명이라면 29쪽으로 가세요.

당신은 승강기에 들어가 승강기 손잡이를 돌렸어요. 승강기 위쪽에 달린 바늘의 눈금이 현재 위치를 알려 주는군요. 승강기가 28층에 멈추자 문을 열어 보았어요. 당신의 계산이 맞았어요!
해적들의 소리는 이제 더 크게 들렸어요.

⚓ 24쪽으로 가세요.

 당신이 빈칸에 손가락으로 3500과 100을 쓰자 엄청나게 커다란 거미가 거미줄을 타고 당신 쪽으로 다가왔어요. 당신이 재빨리 해적의 단검을 뽑아들자 거미가 움찔거리며 뒤로 달아났지요. 그러나 곧 다시 달려들 기세예요. 당신이 써넣은 수가 틀렸어요! 어떤 수에 10배를 할 때는 그 수에 0을 더 붙이면 되지요. 1000을 곱할 때는 0을 3개 붙여야 해요. 얼른 문제를 다시 풀어 보세요!

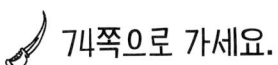 74쪽으로 가세요.

구덩이를 건너려고 줄을 던지니 줄이 반대편에 닿고도 충분했어요. 마침 고리가 바위의 틈에 딱 걸렸지요. 당신은 줄에 의지해 조심스레 건너갔어요. 구덩이 한가운데에서 아슬아슬하게 건너고 있는데 갑자기 눈앞의 줄이 해져서 막 끊어지려고 해요! 바닥도 보이지 않는 어두운 구덩이로 떨어지기 일보 직전이에요! 아찔한 순간 당신은 끊어지는 줄 위쪽의 매듭을 확 잡아채어 가까스로 구덩이로 떨어지는 건 면했어요. 그리고 서둘러 처음 자리로 돌아왔지요.
하마터면 구덩이로 떨어질 뻔했어요. 줄을 잘못 고른 모양이에요. 다른 줄을 골라야겠군요!

🗡 **18쪽으로 가세요.**

곰이 해적들의 소굴에 도착했어요. 곰은 음식을 보고 큰 소리로 레드 비어드 해적 무리를 위협했지요. 해적들은 놀란 토끼처럼 껑충 뛰었어요. 커다란 곰이 자기들 쪽으로 다가오자 해적들은 절망에 찬 눈빛으로 미친듯이 뛰어갔어요. 당신은 그 광경을 숨죽이며 바라보면서 숨어 있었지요. 레드 비어드 선장도 헐레벌떡 뛰어갔는데 그때 그의 모자가 벗겨져 당신 쪽으로 날아왔어요. 선장 모자에는 당신이 찾던 황금 배지가 달려 있었어요. 그건 해적 레드 비어드의 비밀 표시였어요!

17쪽으로 가세요.

올가미의 매듭에는 계산식이 적힌 작은 종이가 매달려 있었어요. 그런데 계산식이 좀 이상해 보여요. 다시 봤더니 계산식에는 연산 기호가 없군요!

3 ? 12 = 15

67 ? 40 = 27

54 ? 6 = 9

13 ? 4 = 52

아하! 알겠어요. 당신은 계산식을 완성해야 해요. 그러려면 지금까지 모은 해적의 비밀 표시를 사용하면 되겠군요.

당신은 네 개의 비밀 표시를 가지런히 올려놓았어요. 네 개의 매듭에 달린 종이에 각각 하나씩 놓으면 될 테지요.

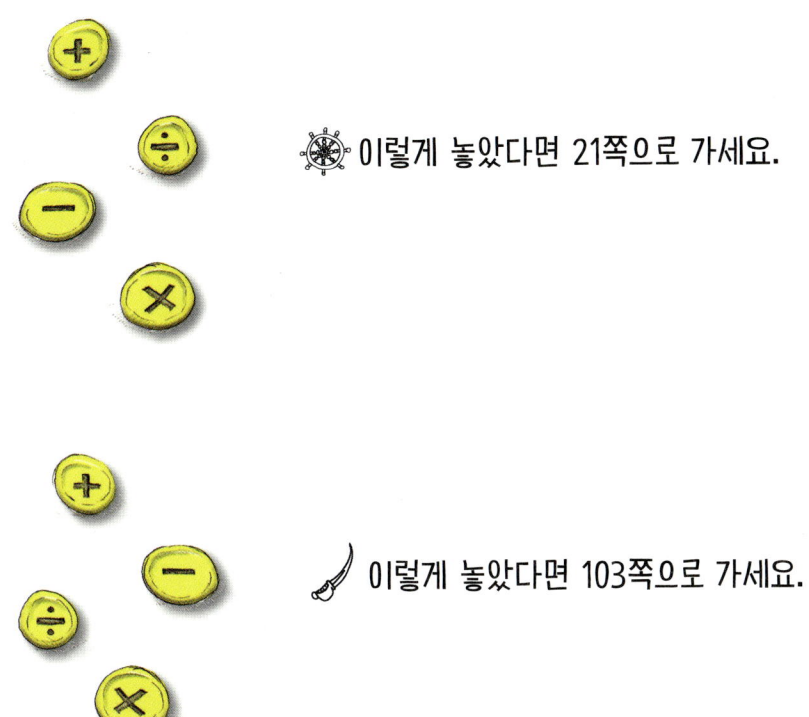

이렇게 놓았다면 21쪽으로 가세요.

이렇게 놓았다면 103쪽으로 가세요.

당신은 자물쇠에 4번 열쇠를 꽂았어요. 자물쇠가 철커덕 소리를 내며 열렸지요. 정답이에요!

당신은 문을 열고 안으로 들어갔어요. 그런데 날개 퍼덕이는 소리가 당신 뒤에서 들리지 뭐예요. 뭔가 당신을 계속 따라온 것 같은 느낌이에요. 알 수 없는 소리의 정체는 무엇일까요?

🪙 50쪽으로 가세요.

당신은 성냥 상자에서 성냥 6개를 꺼냈어요. 꺼낸 성냥 중에서 하나를 들고 기름등잔에 불을 붙이자 불이 붙기도 전에 꺼져 버렸지요. 당신은 어둠 속에 홀로 남겨졌어요. 더듬거리며 다른 성냥으로 불을 켜자 이번에는 다행히 불이 붙었어요. 그때 당신 앞쪽으로 무언가 스르르 빠져나가는 것을 얼핏 보았지요. 그리고 곧바로 불이 다시 꺼져 버렸어요.

무언가 스르르 빠져나가는 소리가 계속 들렸어요. 세 번째 성냥도 마찬가지로 켜자마자 꺼져 버렸어요. 당신이 성냥을 똑같이 나누지 못한 게 분명해요! 24개를 6명이 나누면 24÷6=4예요. 당신은 얼른 성냥 2개를 성냥 상자에 넣었어요. 그러고 나서 남아 있는 마지막 성냥으로 불을 켜자 터널이 환해졌지요. 저 앞에서 무언가 빠져나가고 있었어요.

98쪽으로 가세요.

당신은 불켜진 성냥으로 기름등잔에 불을 붙였어요. 등잔불로 터널을 살펴보니 벽은 온통 선사 시대 그림으로 가득 차 있었어요. 동물 그림과 창을 들고 찌르는 사냥꾼 그림 등이었지요. 사람의 손바닥 자국도 있었어요.

이 동굴은 우리의 집이다.
해적들이 훔친 것을 숨기려고 들어왔다.
편안한 휴식을 취하고 있는 우리를 깨운
무례한 해적들을 절망에 빠트려라.
그래야 우리가 평화롭게 쉴 수 있다.
레드 비어드가 날카로운 발톱에 절망할 때
비밀 표시는 당신 것이 된다.

생생한 그림 가운데 쓰인 지 얼마 되지 않은 듯 보이는 글자도 보였어요.

🌀 8쪽으로 가세요.

해적선에 다가갈수록 노랫소리와 웃음소리가 크게 들렸어요. 그러다 갑자기 소리가 뚝 끊기고 조용해졌어요. 이상한 생각이 들어 당신은 줄사다리가 걸려 있는 배 옆쪽으로 더 힘차게 노를 저었어요. 줄사다리가 있는 곳에 배가 닿자마자 서둘러 사다리를 타고 올라갔지요. 갑판에 올라 사방을 경계하면서 주위를 둘러보았어요. 그런데 갑판에는 아무도 없었어요. 살아 있는 사람은 말이에요. 단지 누더기 같은 해적 옷을 입은 해골만 있었어요. 갑판에 있는 해적 선원은 오래전에 죽었나 봐요. 그렇다면 노랫소리와 웃음소리는 어디에서 났을까요? 당신은 고개를 흔들어 풀리지 않는 수수께끼를 머릿속에서 지우기로 했어요. 지금은 어서 빨리 해적 형제의 표시를 찾아야 하니까요.

16쪽으로 가세요.

구덩이를 건너려고 줄을 던졌지만 반대편까지 닿지 않았어요. 줄이 너무 짧군요! 다시 계산해서 다른 것을 골라야 해요.

18쪽으로 가세요.

계단을 다 내려가니 계단 끝에 웅덩이가 있었지요. 차갑고 어둡고 깊은 웅덩이에요. 이곳을 어떻게 건너가야 할까요? 그때 한쪽 구석에 쌓인 널빤지 더미가 보였어요. 널빤지를 이용하면 되겠군요. 그런데 널빤지를 얼마만큼 써야 웅덩이를 건널 수 있을까요?

맨 위에 있는 널빤지에 글이 새겨져 있었어요.

동굴의 폭 80m
널빤지 길이 각 5m

널빤지가 16개 필요하다면 34쪽으로 가세요.

널빤지가 18개 필요하다면 106쪽으로 가세요.

 매듭을 세게 당기니 매듭이 풀렸어요. 당신이 놓은 해적 표시의 연산 기호가 계산식을 모두 제대로 완성시켰어요!

⚓ 62쪽으로 가세요.

맞았어요! 해적들은 화약통을 너무 많이 가져다 놓았지요!
3.5×10=35이고 3.5×4=14이기 때문에 3.5×14=3.5×10+3.5×4=35+14=49예요.
49kg은 종이에 적혀 있는 안전한 양인 25kg의 2배에 가까워요. 이대로라면 터널 전체가 폭발하고 말 거예요!

당신이 계산을 마치고 화약통의 위험을 감지했을 때 블루 비어드 선장이 화약통의 도화선에 불을 붙이려고 나타났어요. 안 돼요!

그때 바스락하고 날갯짓 소리가 나더니 당신이 가진 화약 사용법 종이를 휙 낚아채 갔어요. 그리고 불을 붙이려고 몸을 웅크리고 있는 블루 비어

드 선장의 눈앞에 화약 사용법 종이가 휙 떨어졌어요. 난데없이 나타난 종이에 놀란 선장이 종이의 내용을 읽었지요. 사용법을 읽는 그의 눈이 점점 커졌어요. 이제야 너무 위험하다는 것을 깨달은 거예요.

블루 비어드는 부하들에게 화약통의 반을 치워 버리라고 명령했어요. 반을 치우고 나자 그는 다시 몸을 웅크려 도화선에 불을 붙였어요. 그리고 몸을 피하려고 터널 아래로 부하들과 함께 달려갔지요.

☠ 61쪽으로 가세요.

당신은 널빤지 18개를 들고 웅덩이 쪽으로 걸어갔어요. 널빤지는 생각보다 무거웠어요. 휘청거리던 당신은 순식간에 넘어져 물에 빠지고 말았지요.

물속에 가라앉으니 반짝이는 은색 물체가 보였어요. 그건 식인 물고기 피라냐 떼였지요! 피라냐 떼가 당신 둘레를 빙글빙글 돌고 있었어요. 당신은 정신을 바짝 차리고 주변에 떠다니던 널빤지를 잡아 있는 힘껏 물 밖으로 떠올랐지요. 피라냐가 날카로운 이빨을 빛내며 공격하려 할 때 간발의 차이로 피할 수 있었어요. 휴!

당신은 널빤지를 너무 많이 모았어요! 얼마나 필요한지 알아보려면 동굴 폭의 길이를 널빤지의 길이로 나눠야 해요. 80÷5=? 당신은 이 식을 아래의 세로식으로 만들어 풀 수도 있어요.

```
        1 6
    5 ) 8 0
        5 0
        3 0
        3 0
            0
```

☠ 102쪽으로 가세요.

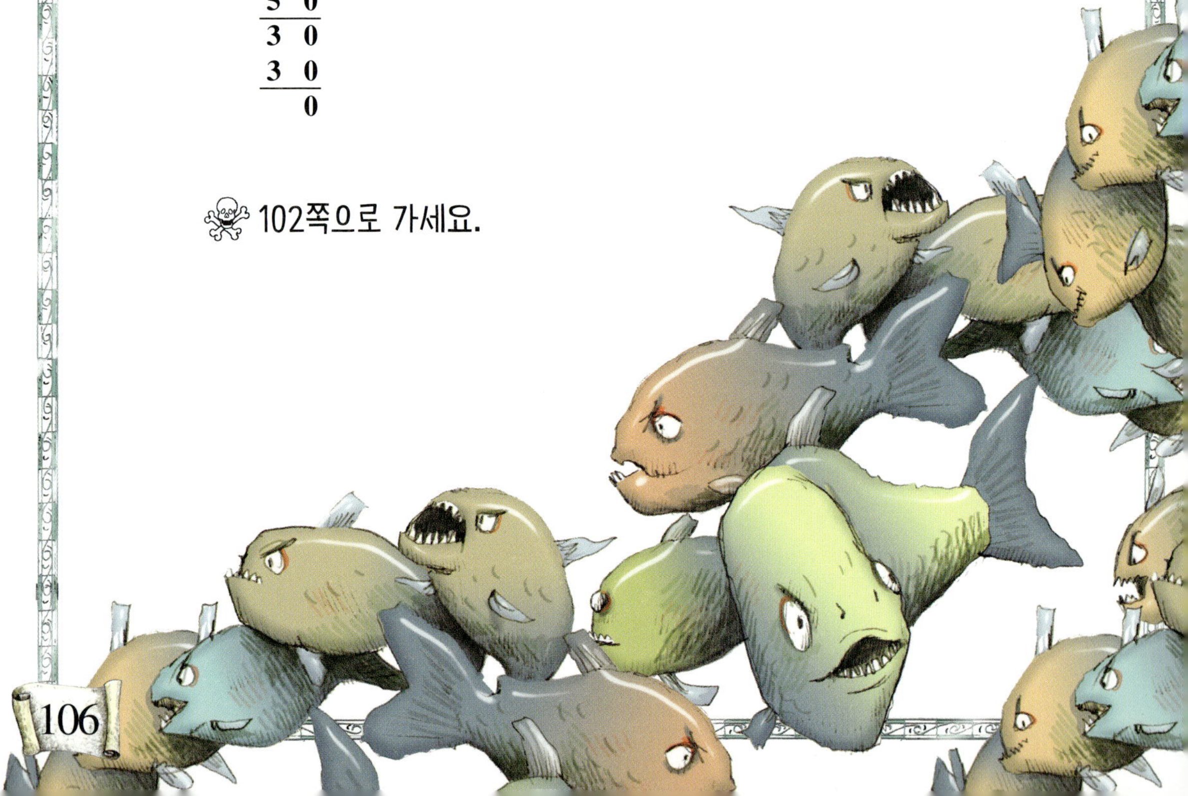

사슬의 연결 고리를 24개 당겼어요. 나무배가 당신 쪽으로 바로 다가왔고 당신은 배에 껑충 뛰어 올라탔지요. 사슬로 묶인 줄을 풀기 전에 당신은 메모지에 사슬의 연결 고리 개수를 적어 놓았어요. 지금까지 적어 놓은 수는 모두 3, 6, 12, 24였지요.

당신은 나무배의 노를 잡고 저으면서 지하 강을 따라 흘러갔어요.

☠ **32쪽으로 가세요.**

이 터널은 길이가 짧았어요. 몇 걸음 걸어가자 동굴이 더 넓어졌지요. 그리고 눈앞에 나타난 것은! 정말 놀랍게도 천장까지 가득 차 있는 금은보화 더미였지요. 그리고 우악스러워 보이는 해적이 금은보화 무더기 한가운데 혼자 앉아 있었어요. 검정색 눈과 검정색 이를 가진 그는 검정색 턱수염까지 길게 기르고 있었지요. 그런데 그 모습이 왠지 외롭고 슬퍼 보였어요. 그는 해적 선장 블랙 비어드가 틀림없어요!

당신의 인기척에 처량하게 앉아 있던 블랙 비어드가 당신을 쳐다보았어요.

124쪽으로 가세요.

그 모습을 지켜보던 당신은 참지 못하고 이렇게 외쳤지요.

"틀렸어요!"

운 좋게도 해적들이 동전 개수에 대해 시끄럽게 싸우고 있어서 당신 목소리는 묻혀 버렸어요.

그런데 틀린 것은 당신이에요! 레드 비어드 선장의 계산이 맞아요. 계산해 보면 아래와 같아요.

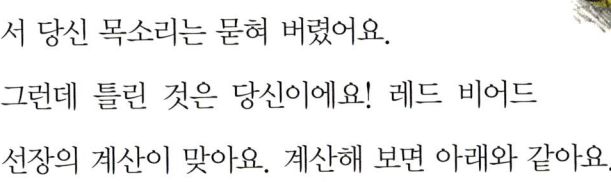

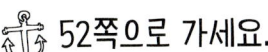 52쪽으로 가세요.

당신은 머뭇거리다가 오른쪽 길로 걸어갔어요. 가면 갈수록 딛고 설 수 있는 공간이 점점 더 좁아졌고, 심장은 점점 더 빠르게 뛰었어요. 그러다 불현듯 발밑에 아무것도 없는 걸 알았어요! 당신이 균형을 잃고 떨어지는 순간, 튀어나온 바위에 가까스로 매달릴 수 있었지요. 당신이 선택한 방향은 맞는 방향이 아니었어요.

오른쪽에 쓰인 5358+2532의 합은 7890이에요. 왼쪽에 쓰인 4412+3536의 합을 계산해 보고 어느 쪽이 더 큰지 다시 비교해 보세요.

36쪽으로 가세요.

길은 다시 좁아졌어요. 그때 불빛이 깜빡였어요. 그리고 걸걸한 목소리와 땡그랑 하고 동전 떨어지는 소리가 났어요. 해적들의 목소리였지요! 레드 비어드 해적 무리인가 봐요. 그들은 훔친 물건을 나누고 있었어요.

당신은 터널 벽에 몸을 바짝 붙이고 살금살금 불빛을 향해 다가갔어요. 그렇게 가다 보니 터널 벽 옆쪽으로 미처 보지 못했던 구멍이 있다는 걸 알았지요. 당신은 거기로 들어가 귀를 기울였어요.

⚓ 42쪽으로 가세요.

틀렸어요!

각각 3.5kg인 화약통이 14개 있으므로 3.5×14를 계산해야 해요! 3.5×10=35이고 3.5×4=14이므로 3.5×14=35+14=49예요. 49kg은 종이에 적혀 있는 안전한 양의 거의 2배 가까이 되네요. 터널 전체가 무너질 만큼이요.

⚓ 24쪽으로 가세요.

당신은 왼쪽을 가리키는 손바닥을 따라갔어요. 길이 점점 좁아지는군요! 갑자기 작은 돌이 떨어졌어요. 그러더니 곧이어 우르릉 하고 돌이 부딪히는 소리가 들리면서 커다란 바위가 쏟아져 내려오지 뭐예요! 바위 때문에 정신을 못 차리자 호통치는 것처럼 "꽥!" 하는 소리가 났고, 당신은 그 소리 덕분에 떨어지는 커다란 바위를 피할 수 있었어요.

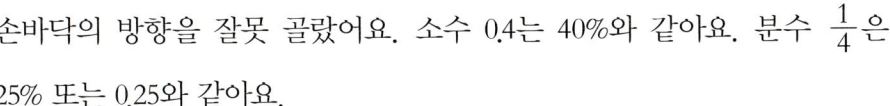

손바닥의 방향을 잘못 골랐어요. 소수 0.4는 40%와 같아요. 분수 $\frac{1}{4}$은 25% 또는 0.25와 같아요.

8쪽으로 가세요.

당신은 메모지에 52라고 적었어요. 그런데 뭔가 앞에 적어 놓은 수와 어울리지 않는 것 같아요. 3, 6, 12, 24, 52.

갑자기 나무통을 뚫고 끈적끈적한 녹색 촉수가 튀어나왔어요. 당신은 화들짝 놀랐지만 재빨리 나무통을 멀리 뻥 찼지요. 그런 다음 곧바로 52라는 숫자를 지워 버렸어요. 필요한 수가 아니었으니까요.

☠ 32쪽으로 가세요.

잘못 들어왔어요! 앞은 완전히 막혀 있어요! 블루 비어드 해적 일당이 바위 더미를 오르기 시작했어요.

39×61의 어림은 40×60으로 계산하면 2400이에요. 자, 다시 한 번 39×61이 2500과 2400 중 어디에 더 가까운지 확인해 보세요.

☠ **35쪽으로 가세요.**

당신은 X 널빤지를 밟지 않으려고 조심하면서 빠르게 다리를 건넜어요. 당신의 판단이 맞았어요. 덕분에 무사히 건너편에 도착했지요.

블루 비어드 선장도 당신을 따라 다리를 건너고 있었어요. 그런데 선장은 Y 널빤지를 피하고 X 널빤지를 밟았지요. 그는 당신만큼 수학을 잘하지 못하는군요. 블루 비어드 선장이 X 널빤지를 밟자 널빤지가 부서졌고 다리가 무너졌어요. 블루 비어드 선장은 가까스로 다리 끝에 매달린 상태로 힘겹게 터널 입구로 돌아갔지요.

반대편에서 주먹을 흔드는 해적 블루 비어드를 보며 당신은 웃으며 손을 흔들어 줬어요!

20쪽으로 가세요.

 당신은 손가락으로 빈칸에 350과 1000이라고 썼어요. 그러자 털이 난 커다란 다리가 거미줄에서 척척 걸어 나왔지요. 그 순간 당신은 답이 틀렸다고 생각했어요. 잔뜩 긴장하며 어떻게 해야 할지를 고민하는데 털이 북슬북슬한 커다란 다리가 거미줄을 쭉 당기더니 구멍을 내는 게 아니겠어요. 당신이 쓴 수가 정답이었어요! 당신은 서둘러 다리가 뚫어 놓은 구멍으로 빠져나왔어요.

🌀 22쪽으로 가세요.

툭 튀어나온 좁은 바위를 따라 조심조심 걸어가자 딛고 설 수 있는 공간이 점점 넓어졌어요. 이제 더 걷기 쉬워졌지요. 쿵쾅거리던 심장도 얌전해졌고요. 당신이 선택한 방향이 맞는 방향이었군요!

눈앞에 녹슨 철문이 보여요. 철문은 자물쇠로 잠겨 있네요.

41쪽으로 가세요.

 틀렸어요! 천장의 박쥐가 줄지어 무서운 속도로 내려와 당신을 둘러쌌어요. 점점 더 조여 와요! 그때 밝은색의 날개가 박쥐 쪽으로 휙 날아가더니 박쥐 떼를 쫓아냈어요. 뭐였을까요?

70은 50보다 20이 더 커요. 그러니 150에서 70을 빼면 80이 남아요. 80에서 68을 빼면 얼마일까요?

86쪽으로 가세요.

메모의 곱셈 답은 1284가 맞아요. 당신은 1284 터널을 따라 내려갔어요. 어느 정도 가니 광부가 쓰던 도구가 여기저기 널려 있었지요. 곡괭이, 삽, 지붕을 받치는 통나무 무더기, 돌을 나르는 녹슨 운반용 차가 먼지를 뒤집어쓰고 있었어요. 당신은 삐걱거리는 운반용 차를 살짝 밀어 보았어요. 그랬더니 바닥에 깔린 오래된 레일을 따라 움직였지요.

80쪽으로 가세요.

당신이 8×4가 적힌 돌을 밟았더니 돌이 마구 흔들렸어요. 자칫하면 펄펄 끓는 용암으로 떨어질 것 같아요! 당신이 균형을 잃고 쓰러지려 하자 굵고 날카로운 발톱이 당신의 옷깃을 잡아채 세게 잡아당겼어요. 겨우 균형을 잡고 똑바로 선 당신은 얼른 안전한 원래 자리로 돌아갔지요. 누가 당신을 도왔을까요?

6×6은 36이에요. 당신이 밟아야 하는 돌은 곱셈 결과가 36인 돌이에요.

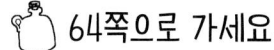 64쪽으로 가세요.

횃불을 벽에서 내리자 불이 깜빡거리더니 이내 꺼지고 말았어요. 벽에 걸려 있던 다른 횃불의 불빛도 희미해지기 시작했지요. 어어, 이러다가 어둠 속에 갇혀 버리겠어요. 당신은 쥐고 있던 횃불을 다시 제자리에 꽂았어요. 그러자 희미해지던 횃불이 다시 밝아졌지요.

6×7은 42예요. 그렇다면 7×7은 얼마일까요?

☠ 68쪽으로 가세요.

 당신이 운반용 차에 올라타 오른쪽 터널로 들어가자 운반용 차는 미끄러져 내려갔지요. 이 방향이 맞아요. 오래전에 다이아몬드를 찾아 이곳을 발굴하던 사람들은 다이아몬드를 찾았는지 도구를 모두 버리고 훌쩍 떠나 버린 모양이에요.

당신이 이런 추측을 하고 있을 때 어디선가 큰 목소리가 들렸어요. 윽! 저 밑에 해적들이 있나 봐요!

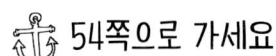 54쪽으로 가세요.

"환영하네!"

블랙 비어드가 소리쳤어요.

"이리 와서 나와 황금을 나눠 갖자고!"

블랙 비어드가 가슴을 내밀며 바닥에 쌓인 번쩍번쩍 빛을 내는 보물을 보여 줬어요. 그러나 당신은 그의 가슴에 두른 띠에서 반짝이는 황금 장식이 먼저 눈에 들어왔지요. 그건 마지막 네 번째 해적의 비밀 표시였어요.

당신은 해적의 비밀 표시를 확인하려고 블랙 비어드에게 다가갔어요. 그러자 폴리곤이 날개를 펄럭이며 "꽥!" 소리를 냈어요.

"뒤에 있어! 뒤에 그대로 있으라고!"

영문을 몰라 당신이 멈칫하던 그 순간 블랙 비어드는 휘리릭 날아든 네 개의 올가미에 묶여 버렸지요. 올가미에는 풀기 힘들어 보이는 매듭이 지어져 있었어요. 블랙 비어드가 꼼짝없이 묶인 채 앉아 있는 나무통에는 다음과 같은 내용의 종이가 붙어 있었어요.

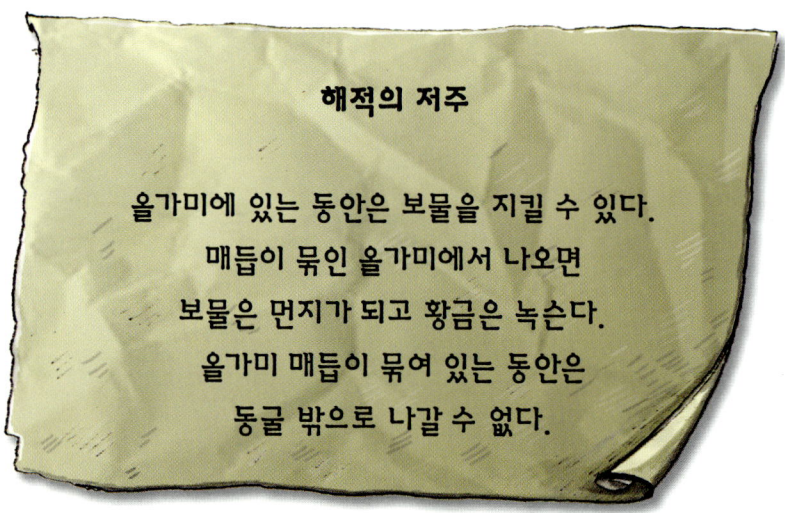

해적의 저주

올가미에 있는 동안은 보물을 지킬 수 있다.
매듭이 묶인 올가미에서 나오면
보물은 먼지가 되고 황금은 녹는다.
올가미 매듭이 묶여 있는 동안은
동굴 밖으로 나갈 수 없다.

블랙 비어드는 당신을 자기 대신 올가미에 묶어 놓고 도망가려고 유인한 거였어요.

🧭 73쪽으로 가세요.

용어 설명

곱셈

6×4를 한다면 6을 네 번 더하면 된다. 6이 네 번만큼 있으니 24이다. 곱셈 기호는 ×이다. 곱셈구구를 알고 있다면 10×10 이하의 어떤 수라도 곱하는 방법을 알고 있는 것이다. 아래처럼 세로 곱셈식을 쓰면 더 큰 수를 곱할 수 있다.

$$\begin{array}{r} 2\overset{2}{1}4 \\ \times6 \\ \hline 1284 \end{array}$$

곱셈구구표

곱셈구구표는 곱셈 문제를 빠르고 쉽게 해결할 수 있도록 도와준다. 다음 곱셈구구표에는 10까지의 곱셈이 들어 있다. 6×8의 답을 알려면 색칠된 윗줄에서 6을 찾고 색칠된 왼쪽 세로줄에서 8을 찾는다. 답은 6 아래의 세로줄과 8 오른쪽의 가로줄이 만나는 색칠된 지점에 있다.

×	1	2	3	4	5	6	7	8	9	10
1	1	2	3	4	5	6	7	8	9	10
2	2	4	6	8	10	12	14	16	18	20
3	3	6	9	12	15	18	21	24	27	30
4	4	8	12	16	20	24	28	32	36	40
5	5	10	15	20	25	30	35	40	45	50
6	6	12	18	24	30	36	42	48	54	60
7	7	14	21	28	35	42	49	56	63	70
8	8	16	24	32	40	48	56	64	72	80
9	9	18	27	36	45	54	63	72	81	90
10	10	20	30	40	50	60	70	80	90	100

나눗셈

한 수가 다른 수에 몇 번 들어가는지를 계산하는 것이다. 나눗셈 기호는 ÷이다. 곱셈구구를 알고 있다면 곱셈뿐 아니라 나눗셈도 쉽게 할 수 있다.

만약 4×5=20을 알고 있다면 20÷4=5도 쉽게 생각할 수있다. 한 수가 다른 수로 나누어 떨어지지 않으면 나머지가 생긴다. 9÷4를 생각해 보자. 9개를 4명이 똑같이 나누어 가지면 1명의 몫은 2개이고, 9개 중 1개가 남는다. 이때 한 사람의 양인 2를 '몫'이라고 하고 1을 '나머지'라고 한다.

세로로 쓴 나눗셈 식을 활용하면 더 큰 수도 나눌 수 있다. 예를 들어 200÷15라면 아래처럼 세로식을 만들어 풀 수 있다.

$$15 \overline{\smash{)}200} \rightarrow \text{몫은 } 13$$

```
        1 3  → 몫
   ┌──────
15 │ 2 0 0
     1 5 0
     ─────
       5 0
       4 5
       ───
         5  → 나머지
```

덧셈

덧셈을 할 때는 두 개 이상의 수의 합을 구한다. 덧셈 기호는 +이다. 실제로 세어 보면서 덧셈을 배우면 쉽게 배울 수 있다. 숫자 7 다음 3을 더 센다면 10이다. 이것은 3과 7의 합과 같다.

아래와 같이 세로로 수를 나열하면 더 큰 수의 합도 구할 수 있다.

```
          1
      4 4 1 5
    + 3 5 3 6
    ─────────
      7 9 5 1
```

두 배

두 배를 할 때는 어떤 수에 2를 곱해야 한다. 그것은 그 숫자를 두 번 더하는 것과 같다.

예를 들면 8의 2배는 16인데, 8에 8을 더해도 16이다.

$$8의\ 2배 = 2 \times 8 = 16$$
$$8의\ 2배 = 8 + 8 = 16$$

백분율

백분율은 전체 가운데 일부를 나타내는 또 다른 방법이다. 1퍼센트는 100분의 1을 뜻한다. 백분율을 나타내는 기호는 %이다.

100퍼센트(100%)는 전체를 의미한다. 50퍼센트(50%)는 100분의 50, 즉 절반과 같다. 10퍼센트(10%)는 100분의 10을 뜻하고 이는 10분의 1과 같다. 어떤 것을 부분으로 나눌 때, 그것을 모두 합한 것은 100%, 즉 전체가 되어야 한다.

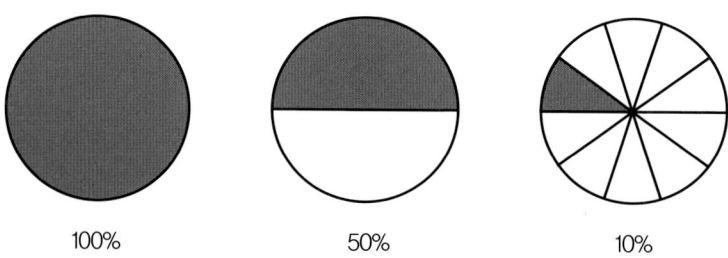

100% 50% 10%

분수나 소수를 백분율로 나타내고 싶을 때는 100을 곱하면 된다.

$$0.5 = \frac{5}{10}\ (전체를\ 10개로\ 나눈\ 것\ 중\ 5개) \longrightarrow \frac{5}{10} \times 100\% = 50\%$$

$$0.4 = \frac{4}{10}\ (전체를\ 10개로\ 나눈\ 것\ 중\ 5개) \longrightarrow \frac{4}{10} \times 100\% = 40\%$$

분수

분수는 1보다 작은 수이다. 절반은 분수이다. 피자 반 판은 피자 한 판보다 적다. $\frac{3}{10}$은 전체를 10개로 똑같이 나누었을 때 그 중에서 3개 만큼을 뜻한다. 이때 3을 '분자', 10을 '분모'라 하고 $\frac{3}{10}$처럼 분자가 분모보다 작은 분수를 '진분수'라고 한다.

분수는 소수로 표현할 수 있다. $\frac{3}{10}$을 소수로 나타내면 0.3이다.

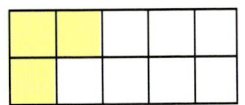

$\frac{3}{10} = 0.3$

왼쪽 모양에서 노란색 부분이 10분의 3만큼이다.

분수를 소수로 바꾸기 위해서는 분수의 분자를 분모로 나누어야 한다. $\frac{1}{4}$에서 1이 분자이고, 4가 분모이므로 1을 4로 나누면 0.25이다.

분자 → $\frac{1}{4} = 1 \div 4 = 0.25$
분모 →

뺄셈

뺄셈을 할 때에는 한 수에서 다른 수만큼을 덜어내야 한다. 뺄셈의 결과는 두 수의 차이를 의미한다. 뺄셈 기호는 −이다. 보통 거꾸로 세어 보면서 뺄셈을 할 수 있다. 7에서 거꾸로 3을 세면 4(7에서 3을 뺀 수)이다. 덧셈을 알고 있다면 굳이

거꾸로 셀 필요 없이 바로 7 빼기 3이 4라는 것을 알 수 있다.
아래와 같이 세로로 식을 쓰면 더 큰 수의 뺄셈도 할 수 있다.

$$\begin{array}{cccc} 4 & 3 & \overset{4}{\cancel{5}} & \overset{10}{1} \\ -\;4 & 2 & 2 & 7 \\ \hline & 1 & 2 & 4 \end{array}$$

수직선

수직선은 선에 일정한 간격으로 수를 놓은 것이다. 이것은 수의 크기를 비교할 때 좋다. 아래 수직선을 보면 50이 0과 100 사이의 정중앙이라는 것과 100이라는 길이의 절반이 50이라는 것을 알 수 있다.

같은 수를 더해 가거나 빼 나가는 방식으로 수직선을 계산에 활용할 수 있다.

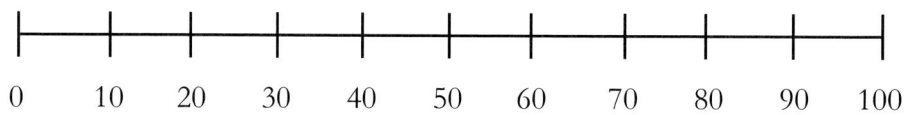

십진수

십진수는 '10묶음에서 만들어졌다.'는 의미이다. 십진수 12.5는 10을 1개, 1을 2개, 10분의 1을 5개 가지고 있는 수이다. 소수점 뒤의 수는 자연수가 아니라 분수를 나타낸다. 0.6은 '십 분의 육' 또는 $\frac{6}{10}$과 같다.

어림

103×29와 같이 복잡한 계산을 할 때는 계산을 하기 전에 정답을 어림해 보는 것이 좋다. 그러면 계산을 할 때 큰 실수를 피할 수 있다. 어림은 정답에 가까운 답을 미리 생각해 보는 계산 방법이다.

더 쉬운 계산을 하기 위해 숫자를 반올림할 수 있는데 103×29라면 100×30처럼 반올림해서 어림하는 것이다. 이때 반올림해서 얻은 결과는 3000이지만 정확한 계산 결과는 2987이다.

수학 두뇌 계발 게임 MATHS QUEST
보물 동굴의 단서

초판 1쇄 발행 2014년 6월 23일
개정판 1쇄 발행 2019년 3월 18일
개정판 11쇄 발행 2025년 10월 30일

글 데이비드 글러버 그림 팀 허친슨 옮김 어린이를 위한 수학교육연구회
발행인 양원석 발행처 (주)알에이치코리아(등록 2004년 1월 15일 제2-3726호)
주소 서울시 금천구 가산디지털2로 53, 20층(한라시그마밸리)
편집 문의 02-6443-8921 도서 문의 02-6443-8800
홈페이지 rhk.co.kr 블로그 blog.naver.com/randomhouse1
인스타그램 @junior_rhk 페이스북 facebook.com/rhk.co.kr

ISBN 978-89-255-6593-4 (74410)
ISBN 978-89-255-6594-1 (세트)

※ 제조자명 (주)알에이치코리아 | 제조국명 대한민국 | 사용연령 8세 이상
※ 종이에 손이 베이거나 모서리에 다치지 않게 주의하세요.
※ 잘못 만들어진 책은 구입하신 곳에서 바꾸어 드립니다.